# 变现思维

## 自我增值的8堂营销课

廖恒 著

MONEY
MAKING GUIDE

民主与建设出版社

·北京·

图书在版编目（CIP）数据

变现思维：自我增值的8堂营销课/廖恒著．一一北京：民主与建设出版社，2020.10（2023.3重印）
ISBN 978-7-5139-2969-1

Ⅰ．①变…Ⅱ．①廖…Ⅲ．①品牌营销Ⅳ．① F713.3

中国版本图书馆 CIP 数据核字（2020）第 236201 号

变现思维：自我增值的 8 堂营销课
BIANXIAN SIWEI: ZIWO ZENGZHI DE 8 TANG YINGXIAOKE

| | | |
|---|---|---|
| 著　　者 | 廖　恒 | |
| 责任编辑 | 程　旭 | |
| 封面设计 | 仙境设计 | |
| 出版发行 | 民主与建设出版社有限责任公司 | |
| 电　　话 | （010）59417747　59419778 | |
| 社　　址 | 北京市海淀区西三环中路 10 号望海楼 E 座 7 层 | |
| 邮　　编 | 100142 | |
| 印　　刷 | 天津旭非印刷有限公司 | |
| 版　　次 | 2020 年 10 月第 1 版 | |
| 印　　次 | 2023 年 3 月第 3 次印刷 | |
| 开　　本 | 880 毫米 ×1230 毫米　1/32 | |
| 印　　张 | 8 | |
| 字　　数 | 143 千字 | |
| 书　　号 | ISBN 978-7-5139-2969-1 | |
| 定　　价 | 46.80 元 | |

注：如有印、装质量问题，请与出版社联系。

# 序言：自我营销，是你最值得投资的能力

### 这本书为你解决什么问题？

要想成功，你必须学会自我营销。

无论是在工作中还是生活中，我们几乎无可避免评估他人、被他人评估。仅仅有能力、有才华、有闪光点是不够的，你还要让外界看到你的价值，购买你的价值。

找工作时，你需要向面试官展现自己，希望他们能认可你是性价比高的聘用选择。

在职场上争取优质项目，你需要向领导、决策人展现自己，希望他们认可你是能够把这个项目做好的人。

你找男朋友或女朋友，从本质上来说，也是在展现自己，希望对方能够喜欢你、选择你。当你追求成功了，第一次去见对方父母，生怕有什么不妥的行为会让对方的父母不满意，你小心翼翼地表现自己优秀的一面，其实也是在竭力展现自己，希望得到认可。

就连你小时候上学，想上一个好的幼儿园都需要参加面试，你也需要拼命表现自己，展示自己唱歌、跳舞、朗诵等方面的才艺，

或者拿出曾经的获奖证书来做佐证，希望面试官能够录取你。

你发现了吗？这样一次次的展现自我价值组成了你的人生，决定了你最终能到多远的地方，能达到什么样的高度。

自我营销的能力，其实是每个人的基本能力，也是最值得我们投资的能力。成功的人，就是不断在为自己的个人品牌增值，每一次都能把自己销售出去，并获得较高收益。

### 这本书到底有什么独门秘籍？

这本书和你曾经看过的其他书有什么不同呢？你为什么一定要读这本书呢？这本书能给你的人生带来哪些更多的可能性呢？很多人只是在努力储备知识或者不断积累经验，但如何运营、营销、展现自己这款"产品"，往往被大多数人所忽视，如何进一步变现更是让很多人头疼。

这本书是如何做到真的能把你变成爆款，让你总能成功展现自己，并且最终实现财富增长的呢？我们来看看这本书具体写了什么以及你能从中得到什么？

★一个基于营销逻辑的"作战体系"

如果有营销基础的朋友，肯定已经发现了，这个体系完全是严格按照千锤百炼的营销专业体系来进行构建的，也就是说，这本书的底层逻辑完全基于科学的营销体系。这也是这本书最大的创新点，或者说是这本书区别于其他同类书的最大特色。

本书分为值钱、放大、变现3大步以及8个细分小步骤。值钱篇是想告诉大家，如果你想让"自己"这款产品变得更值钱，首先，你必须要有一项特别出众的本领，你必须不断打磨自己，成为某个领域的专业高手，这是你增值、变现的基础。很多迷茫、颓靡的人，我希望你们能先从第一部分开始，先让自己强大起来。我在这部分中给出了详细的步骤，你只需要照做就可以。如果你已经是很厉害的专业高手，那本篇可以让你把专业做得更加极致。在第二部分放大篇中，我将打造个人IP的经验以及对于营销的全部理解都毫无保留地呈现给大家了，这一部分主要是帮助大家打造个人影响力，提升你的个人品牌的商业价值。最后一篇，也是本书的终极目标，帮助大家变现。靠出售时间，你是永远无法赚大钱的。我一方面希望更新大家对于财富的认知，另一方面更重要的是教会大家变现的关键技巧。

另外，之所以拆解为由3大步、8小步组成的"作战步骤"，也是为了方便每个人都能根据自己的实际情况来操作。分解的步骤可以让任何人都能找到自己的切入点，从适合自己的步骤开始，或者检测出自己的薄弱部分，然后根据书上的方法，针对性地做出补充。

**那我为什么能这样架构这本书呢？这与我多重的职业背景有关。**

我曾经的职业是一名专业营销人，就职世界500强，我有着超过

13 年的营销行业全链条的从业经验，打造过很多爆款产品，为所在和所服务的超 100 家企业，实现了超 20 亿元的销售业绩；也曾两年内横扫艾菲奖、长城奖等顶级营销大奖 20 多项次；受邀在全球排名第一的商学院——沃顿商学院做过演讲……

基于自己的营销经验，我写了《引爆关注》《爆红》两部作品。其中，《爆红》一书由于创立了"新品低成本爆红体系"，填补了这一营销领域的空白。另外，我也是短视频博主@有料先生所有者，通过这个账号，我用一年时间把自己打造成了爆款，全网视频播放量超 4 亿次。

后来，随着短视频大火，我和我的团队，都转型为专职的短视频内容创作者。而我经营的公司，在转型后不足一年的时间内，也特别有幸晋升到了校园教育领域的头部，旗下账号拥有全网 2000 万粉丝，且都是精准的教育校园粉丝。

另外，我特别希望提的一点是，要想把自己打造成有影响力的 IP，做内容的能力非常重要。因为，在这个过程中，输出内容是一种非常重要的方法，尤其是对于普通人来说，这是一条绝对能成功的路。而我也非常幸运，我从大学开始就是一名内容创作者，2006 年大学毕业，就成为了当时中国最火的报纸之一——《环球时报》的特约记者；2007 年，在门户网站的鼎盛时代，我加入了搜狐网，在搜狐新闻中心工作，很快成为当时最年轻的值班编辑之一。这些经历让我具备了很强的内容功底。

很有幸，我曾经的经历，让我能写出这本书，这也是我的"爆红系列丛书"中的第三本。

★100多个真实的"作战案例"

这本书中，我拆解了中外100多个把自己打造成爆款、实现财富增长的案例，而且结合了具体的步骤一一讲述。案例与方法论相得益彰，能让你真正理解这些方法论，而且通过案例的详解，你能感觉好像是自己在亲自作战——这有利于你马上把这些方法应用在自己身上。

而这些案例都是从哪里来的呢？其实有三个来源：

第一，来源于我实操过的案例。因为我从事的是营销职业，在从业的过程中，我做过很多把素人打造为红人的工作，其中的很多案例都将出现在这本书中。

第二，来源于我透彻研究过的案例。为了写作这本书，我花了近半年的时间，专门研究了很多知名IP的变现逻辑和操作手法，这其中，当然就包括很多中外顶流人物，比如，80多岁成名的摩西奶奶（美国）、中国最早网红的代名词Papi酱、"罗辑思维"创始人罗振宇、"口红一哥"李佳琦、淘宝"直播一姐"薇娅、Youtube（油管）顶级美妆"达人"米歇尔·潘等。

第三，来源于我自己的亲身经历。最直接的案例就是我的亲身经历了。除了在这本书的正文中提到自己的案例外，我还专门在本书的后记中详细描述了我的经历，其所呈现的是构建个人商业生态的完整过程。

### 为什么你要现在读这本书？

我要特别强调的是，为什么你要现在读这本书呢？

作为最当红的主播李佳琦、薇娅，他们一场直播的销量能达到数亿元，全年的销售额能达到数十亿。

一个人，就能够创造数十亿的销售额。曾经，这是一个无法想象的数字。但是，在今天的互联网时代，尤其是随着短视频、直播等各种媒体形态的爆发，每个人都有机会成为超级有影响力的人，有机会实现巨大的商业价值。一个人就是一家公司，一个人就能养活一个工厂，这是真真切切的事实。

如今，"商业个体"已经是不可逆的经济形态。为什么呢？这一切的一切，就是因为，在互联网时代，流量就是商业价值，你获得的流量越多，你的商业价值就越大。

如何去获得尽量多的流量呢？如何实现个人财富自由？这也是本书尝试回答的问题。让自己成为人人关注、人人争抢的对象，关注你的人越多，争抢你的人越多，你的商业价值就越大，你就越能成就更多的可能。

下面，让我们来看一个例子。

假设某家世界500强企业要推出年度旗舰产品，需要一名摄影师来拍摄产品照片。这一产品还未上市就已经火爆全国了，如果哪位摄影师能为这一产品拍摄照片，那将是其职业生涯的超级闪光点。

很多摄影师都希望自己能拿到这个机会，这将是一次很激烈的竞争。毫无疑问，挑选摄影师的这位决策者会收到很多摄影师的申请，而且，这些摄影师都是有能力把产品照片拍好的。

如果你是这位决策者，你会如何选择呢？其实，你根本就不会看大家的申请资料，而会直接找业内有名气的、曾经出过优质名作的摄影师。很显然，你压根就不可能去考虑是不是要选择一个默默无闻但实际专业能力很强的摄影师。当然，最有可能的情况是，这位虽然实力很强但默默无闻的摄影师，根本就不会进入决策者的选择视野，因为决策者根本就不知道这个世界上有这么一个摄影师。

你发现了吗？很多机会，你能否把握得住，其实与能力关系不大，因为有能力的人有很多，但不是所有人的能力都能被看到。更重要的因素是人家是否知道你这个人。

所以，一个人要想成功，要想把握住机会，光有能力是不够的，还需要让别人都知道你强。

在如今的互联网时代，做到这一点就更为重要了。大家都说，互联网时代，流量为王，谁有流量，谁就掌握了机会。好比大火的李佳琦，他的直播有那么多人看，短视频也有那么多粉丝，所以，他的一场直播才能销售几千万元甚至上亿元的商品，全年能有几十亿元的销售额。

所以，要想成为流量平台，就要有自己的流量池。简单来说，就是你得出名。如此，你成功的机遇就会比普通人大很多，因为你总是能进入大家的选择范围。

自我营销的能力，是你最需要投资的能力。你需要做到：你强，你得让人知道你强。你强，你要让所有人都知道你强！

# 《 目 录

**值钱篇**
锻造自己

**放大篇**
引爆个人 IP

# 变现篇
## 变现影响力

# 值钱篇
## 锻造自己

Step 1

# 洞 察

重新认识自己，发现你的超级潜力

**营销学解释：**要想让"自己"这款产品变得更值钱，首先要完全了解产品，找到产品的优势，找准优势是第一步，也是一切行动的开始。

古希腊德尔菲神庙门前的石碑上刻着这么一句话："认识你自己"。 在这个世界上，我们最熟悉的人莫过于自己，但是，你真的认识自己吗？如果此刻有人问你，你最大的优势和缺点是什么？你是否能准确地回答呢？如果此刻有人需要你做一个自我介绍，你是否能将自己清晰地展现出来呢？我相信，很多人的答案都是：不一定能。做过销售的人，一定对"了解产品"这句话不陌生，因为"了解产品"是一切销售的基础。即使不做销售，你如果在公司上班，公司领导肯定也会经常提起一句话：要了解公司的产品啊！

进一步变现我们"自己"这款产品，其实也相当于我们在销售我们自己。毫无疑问，你必须要对"自己"这个特殊的产品有充分的了解。 你要知道"自己"的优势是什么，"自己"哪方面最吸引人，"自己"有什么长处，只有这样，你才能让"自己"这个产品"卖出一个好价钱"。所以，这一次，你需要把自己抽离出来，就像研究公司销售的产品一样，好好研究"自己"这个产品，重新认识自己，审视自己有哪些优势，洞察自己还有哪些"超级潜力"。具体而言，本章给你提供了三种可操作的方法，你一定能借此找到属于你的杀手锏。

# 第一节　挖掘你的已有技能

　　我有一个朋友，他做PPT的速度很快，而且他做出来的PPT特别好看。每次我要用到重要的PPT，都会在自己做好初版后，再请他帮忙优化。经过他的一番润色，PPT的信息更清晰了，排版也更美观了。

　　我的这位朋友是一家国际知名4A广告公司的客户经理。由于工作关系，他平时少不得要做很多PPT，而且很多情况下都是时间紧、要求高。毕竟，他需要凭借一个PPT方案拿下几百万的项目，自然不敢有丝毫怠慢。

　　做PPT只是这位朋友工作中的一部分，也是他做好这份工作的一个基本技能。在他眼中，做出高效美观的PPT很正常，并不能称之为值得夸耀的特殊技能。每次我夸他PPT做得好的时候，他总是说："这没什么，在我们这里工作，都能把PPT做到这种程度。"其实，这句话不是朋友的谦辞，是事实真的如此。毕竟，他所在公司的业务水准之高、员工专业能力之强，在业内是有口皆碑的。

直到有一次，在一次分享沙龙上，我用了他帮我优化过的PPT，在活动结束后，有一位也在现场参加活动的女士来找我，说我分享的PPT做得非常好，问是否可以跟我学做PPT，她可以付费学习。

我很礼貌地告诉这位女士，说我的PPT是请我的朋友帮忙优化过的，自己没有这个能力，她如果确实想学习，我可以把我的朋友推荐给她。

经过我的牵线，他们很快展开了交流。不过，最开始，我的朋友婉拒了那位女士。

他的理由有两个：一是自己太忙了，确实抽不出时间来教；二是他觉得自己也没有什么可教的，自己做PPT的这些方法其实都挺简单的。

但这位女士的确很想学，也很有诚意，再三向我的朋友提出拜师的请求，而且愿意支付可观的学费。最后，我的朋友答应了，利用一个周末的时间系统性地指导了她，再由这位女士自己根据学到的方法去练习。期间若有什么问题，可以找我这位朋友来解答。那段时间，朋友的确有几个项目在同步进行，也真的只能挤出一个周末的时间，所以只能做这样的安排。

一个月后，这位女士发微信告诉我，说非常感谢我给她介绍了这位PPT高手，现在她的PPT已经做得非常好了，她还给我发来了她做的几个PPT，效果真的不错，虽然与我朋友做的还是有些差距，但已经是非常高的水准了——信息表达清晰、重点突出、视觉美观。

要知道，这仅仅是短短一个月学习和训练的结果。而一个月前，这位女士做PPT的水平也就是刚刚入门。

我问我朋友："这么短时间就把人教得这么好，你都怎么教的啊？"

朋友是一个做事很认真的人，他告诉我，原来，这次为了教这位女士，他还是下了一番功夫的，毕竟收了人家的学费，就必须保证交付结果。在教她之前，他花了两小时把自己做PPT的方法进行了系统性总结，然后才认真地去教这位女士。

朋友说："以前，这些东西都在自己脑袋里面，但是没有真的去总结成系统的方法论。这次总结出来，其实对自己来说也是一种提升。"

朋友总结出这套方法后，出于工作需要，给自己团队的小伙伴做了一次"PPT高效制作法"的分享，结果很多其他团队的人慕名而来，都要向"大牛"学习。于是，他就组织了一次培训，培训的时候，事先预订的会议室座位都不够用，边边角角都挤满了人。学习之后，大家都表示收获很大，很有用，他总结出来的PPT高效制作法被同事们纷纷收藏。当然，朋友也给我分享了一份。

当朋友跟我说完这些后，我就和他说，你可以开 PPT 培训班啊，连市场测试都不用做了，首批用户反响这么好，肯定会超级火！

后来，这位朋友还真的在自己的圈子里开了个周末 PPT 高效制作班，小班授课，口碑很好，从来不愁招不到学员。

朋友和我说："真的，我之前绝对没有想过自己还有教人做 PPT 的本事，并且还能靠这个挣到钱。如果当时不是你给我介绍那位女士，如果不是你建议我去做 PPT 培训，我绝对不会走上这条路，我的人生也不会有这个可能。从这个层面上来说，人的潜力真是无限啊。"

"千万别用你的业余爱好，去挑战别人吃饭的本事。"这句流行语说明专业人士的能力超乎你的想象。

我们每个人在社会上生存都有自己吃饭的本事，虽然我们的本事可能远远达不到一骑绝尘的程度，但很有可能我们的水准就是自己所在领域的专业水平，就算没有那么出类拔萃，也不是业余人员能轻易比拟的。所以，我们每个人的看家本领都极有可能就是这个领域的顶级水准，至少我们能在这个领域发挥自己的优势和长处——毕竟，自己要靠这项本领吃饭，没有谁敢懈怠。

但很遗憾的是，很多人都忽略了这点，忽视了自己的"超级潜能"，错失了挖掘自己最大优势的机会。

我们再抽离出来，看看我在上文中提到的那位PPT高手朋友，即使在顶级的4A广告公司，他做PPT的水平都属于高水准，一个出色的PPT能换回几百万的单子（当然不能全部归功于PPT做得好，但PPT做得好肯定能起到正向作用），但是他之前并没有把自己的这项技能当回事。

我们很多人，就像我这位朋友一样，都觉得自己很平凡，没有什么过人之处，在认识自己，尤其是认识自己的优势上存在严重误判。其实，你可能早就已经是拥有某项超强技能的人，你的某项本领可能已经是业内最顶尖水准，只是你自己忽略了。

所以，我们要想发现自己的优势，发现自己的超级潜力，首先就要仔细审视自己已有的技能，自己每天做的工作和自己现在所拥有的看家本领。

如果你是做视频后期的，视频剪辑就是你的长处，是你的超级潜力；

如果你是程序员，那写代码的能力就是你的长处，是你的超级潜力；

如果你是导游，对景区的了解及对景区特色的讲解能力就是你的长处，是你的超级潜力；

如果你是……

你可以按照这个逻辑重新认识自己，洞察自己，从而发现自己的优势，开发自己的潜能。

在此，我给大家提供三个具体可操作的方法：

## 看整体：把自己的工作技能，合成整体优势

这种方法比较适合在自己领域拥有整体解决问题能力的人。换句话说，也就是你已经具备了某个领域多环节、多版块的整体解决问题能力，自己能完整做成一件事，已经拥有了一定时长的从业经验，属于行业资深人士，就是我们经常说的行业老资格。

其实，这就是我们经常提到的可以带团队，可以独当一面负责一项业务、一个项目，担任项目领导或者部门领导的人。

例如，如果你是一名新媒体从业人员，能把一个新媒体账号从策划到执行变现的工作完全做好，那么，你就可以把自己的优势定义为：拥有新媒体运营全方位解决问题能力。

## 拆版块：拆解工作的细分技能，找到最强一项

拥有整体解决问题能力的人更容易找到自己的优势。那么，对于那些刚入行或者入行不久的新人，以及还不足以担任项目领

导的人，是不是就没有可挖掘的地方了呢？

当然不是。这个时候，你需要拆解自己的工作，看看自己的工作需要用到哪些技能，你可以找到多项技能中自己最强的那一项，然后把这一项作为自己的最大优势。

比如，你目前还是一名新媒体小编，你需要做的工作包括找选题、写稿子、平台运营等。那么，你把自己的这些技能一一拆解，发现自己起标题的能力很强，那善于起标题就是你的独特优势。

又比如我在前文提到的那位朋友，他是客户经理，需要具备很多技能：客户需求沟通、项目内部管理、写方案、提案等等。很明显，在写方案上，尤其是在做PPT上，他表现得很好，那么他的优势就是擅长制作PPT。

## 找反馈：看别人经常夸你什么，找你帮什么忙

可能有人说了，我还远远没有我们部门领导那么厉害，谈不上具有整体解决问题的能力；而且我也没有觉得我的某项细分技能很厉害，那我该怎么办呢？

这个时候也无须过分担心，你肯定是有你的过人之处的，只是你自己还没有发现——如今职场竞争那么激烈，你如果没有点

真本事，肯定是无法在职场上立足的。

你可以换个角度来解决这个问题，既然自己想不明白，那就求助于别人。所谓"当局者迷，旁观者清"，可以看看你工作中哪些方面经常被领导夸奖，得到客户好评，被同事欣赏。相信你一定可以找到这些点，那么，这个技能点就是你的优势所在。

如果你是一名设计师，如果客户经常说你手快，那么，高效就是你的优势。

如果你没有找到别人经常夸你的地方，还有一个方法，就是回顾一下在什么事情上别人经常找你帮忙、找你咨询。这个找你帮忙或者咨询的事情就是你的优势。比如我自己，自从我的抖音号做到100多万粉丝后，我就发现有很多人来咨询我如何运营抖音号。其实，在不经意间，做抖音号就成了我新培养出来的一个优势。

总之，在认识自己、洞察自己、发现自己优势的过程中，首先，就要从自己吃饭的本事上、所做的工作上、已有的技能中入手，看看自己有哪一项能力是独具优势的。

# 第二节　发现内心热爱

76岁，她决定顺应内心，开始完成埋藏了一生的梦想。

78岁，她完成人生第一幅画。

80岁，她在纽约举办个人画展，轰动美国。

90岁，她的作品畅销欧美。

101岁，她去世，时任美国总统的肯尼迪致讣告词，称其为"深受美国人民爱戴的艺术家"。

看到这里，相信很多人都已经知道了——她就是摩西奶奶。

1860年，摩西奶奶出生在美国纽约州格林威治村一个普通的农民家庭。由于家庭贫困，她年幼时仅仅读过几年的书，后来从事女佣的工作，一干就是15年。

但是摩西奶奶似乎与其他女佣不同，她在年轻的时候就坚定了想要画画的信念。但那时家人和朋友都告诉她，这个梦想太不现实了。毕竟，她只是个女佣，而且出身贫寒，似乎没有资格去实现这份热爱。

他们说："你是一个农场女孩，你的人生就是嫁给一个农场的小伙子，然后养一大帮孩子。"

渐渐地，她不再想画画的事，而是做着别人认为她该做的事。她的人生也被身旁的人言中：27 岁时，她遇到了雇农托马斯·萨蒙·摩西，两人结了婚。后来，摩西奶奶生了十几个孩子，40 多岁就当上了外祖母，60 多岁就成了曾祖母。在她 75 岁时，丈夫去世了，孩子们也早已长大成人，有了各自的生活。

此时，她离开了自己劳作了一生的农场，走上了追梦的旅程——虽然向现实生活妥协了一辈子，但是摩西奶奶始终没有忘记心中的那份热爱，或者说心底最真实的热爱是无法被忘记的。

在摩西奶奶人生的最后 10 年里，她的画作市场售价高达 10 万美元一幅。2001 年，华盛顿博物馆举办了"摩西奶奶在 21 世纪"的主题展览，展出国内外收藏的 87 件摩西奶奶经典画作和遗物，再次引起巨大反响。

著名心理学家林崇德曾说过："天才的秘密在于强烈的兴趣和爱好。"爱因斯坦也曾讲过："兴趣是最好的老师。"

你最愿意做的那件事，才是你真正的天赋所在，才是你最大的潜能所在。

大津秀一是日本的一位临终关怀师，他见证过 1000 多位临终患者的临终遗嘱，从中总结出了人们临终时最后悔的 25 件事。

排在前两名的两件事分别是：

第一，没做自己想做的事；

第二，没有实现自己的梦想。

人应该为自己的热爱而活，你如果没能真的做你自己，或者没能把自己的潜能发挥到极致，将会造成一辈子的遗憾。

也许，我们中的大多数人都已被现实磨灭了热情，忘记了自己的热爱。在这样的情况下，怎样才能找到自己心中的热爱呢？

其实，这不是一件困难的事情。我来给大家分享三个方法：

## 直面内心欲望

在《奇葩说》的一期节目中，陈铭提到过"童年未完成梦想之魔咒"这个概念——童年未完成的愿望，对我们未来的人生产生的影响远远超出我们的估计。虽然不一定每个人都有"童年未完成梦想之魔咒"，但是，这个心理学理念说明，人会在无意识中被某种念头牵着鼻子走，这个念头，很有可能就是你的热爱。

你的欲望里也会藏着你的热爱。所以，直面自己内心的欲望，就是从根本上认识自己、发现自己潜能与天赋的一种方式。

那么，该怎样直面内心的欲望呢？

其实，这里有两件事情需要你解决：一是发现自己的欲望；

二是直面自己的欲望。

## 如何发现自己的欲望

首先，问问自己最想要的是什么？然后再往下至少问三层："我这么想要这个（已发现的欲望），到底是想要什么？"直到再也找不出答案。

我们最容易觉察到的欲望很可能只是表层欲望，或者说是欲望的外在表现形式，而不是根本欲望。因此，你需要不断追问，直到找到根本欲望。

例如，你发现自己很想进入一家世界500强公司工作，这就是表层欲望。

你需要继续问自己："我想进世界500强公司工作，到底是想要什么？"

"我想进世界500强公司工作，是想让自己有一个很大的发展平台。"你可能会这样回答，当然，你也可能有其他的答案，比如想与高水平的同事一起工作，想拿更高的工资，想出入光鲜亮丽的写字楼，等等。

继续问下去："我想有一个很大的发展平台，到底是想要什么？"

也许，你的答案是："我想有一个很大的发展平台，是为了积累更多的人脉资源。"

......

到最后，你可能会发现你的终极欲望，或者说本质欲望，是要创业或者成立一家伟大的企业。

## 如何直面自己的欲望

虽然发现自己的欲望不一定很容易，但大多数人都是可以做到的。毕竟，大部分人都很清楚自己想要什么，因为我们会为得不到的念念不忘，会因没有得到而耿耿于怀，而真正困难的是发现欲望后该如何直面欲望。

中国人是相对比较含蓄的，而且"欲望"这个词有一定的负面意思。所以，很多人会选择回避自己的欲望，而非直接面对欲望。

这时候，不妨想想马克·吐温说过的一句话：当你心存疑虑时，说真话是唯一的解决办法。

我们发现自己的欲望，不是为了让自己感到羞耻，或者责备自己怎么是一个这样的人，从而自我怀疑、自我否定，而是为了认识自己，为了找到初心，找到我们的热爱，从而放大我们的潜能，真正地实现自己的人生价值。

## 发现心流时刻

不知道你是否有过这样的体验：因为沉浸于某事而废寝忘食，忘记了时间的流逝，甚至感觉不到自己的存在，从而达到了一种我们常常说的忘我状态。在心理学上，这种状态被定义为"心流"（Mental flow）时刻。

积极心理学家米哈伊·奇克森特米哈伊在2004年提出"心流"这个概念。"心流"不仅是一种非常专注的状态，它更指当人们沉浸于手头的某件事情或某个目标中时，全神贯注、全情投入并享受其中而体验到的一种精神状态——心流产生时会有高度的兴奋及充实感。

米哈伊·奇克森特米哈伊在一次采访中，将人们进入"心流"时的状态描述为："你感觉自己完完全全在为这件事情本身而努力，就连自身也都因此显得很遥远。时光飞逝，你觉得自己的每一个动作、想法都如行云流水一般发生、发展。你觉得自己全神贯注，所有的能力被发挥到极致。"

其实，"心流"出现的时刻，就是你在做自己热爱的事情的时刻。所以，有一个很简单的发现热爱的办法，就是看自己做什么事情的时候会进入"心流"时刻，进入这种忘我的状态。

如何判断出现什么样的状态时可以定义为"心流"时刻呢？我

们可以从米哈伊·奇克森特米哈伊归纳出的七个方面一一对照：

（1）完全沉浸：注意力高度集中，你感觉对自己正在做的事情充满热情。

（2）感到狂喜：你觉得自己从日常现实的琐事中脱离出来，进入了另一种喜悦的状态中，类似于普通人在观看戏剧演出或听音乐会时所感受到的情绪。

（3）内心清晰：你知道什么是需要被完成的，以及到目前为止自己做得怎么样。你了解自己的目标，并且清楚地认识到当下与目标之间所需要做的努力。

（4）能够胜任：你知道尽管这件事情可能存在挑战，但仍然是自己所能胜任的。

（5）平静感：毫不担心自己，甚至丧失自我觉察，连自己的基本生理需求都无法意识到，例如，有些人在全神贯注地写作或者打游戏时，会进入一种废寝忘食的状态。

（6）时光飞逝：由于全身心地投入在当下的事情中，时间便在不知不觉中飞速流逝，比如专心致志地做某件事情时，猛然抬头发现早已从白天变成了黑夜。

（7）内在动力：你觉得自己做这件事情，源于内心的渴望和对该目标的认同。并且，一种"心流"的状态又能帮助你完成这件事情、实现该目标。例如，一些作家在创作过程中，对于新作品的渴望，令他们进入一种"忘我"的境界，而这种境界又使得他们的创作充满了创造力。

"心流"是人们获得幸福感的一种可能途径，这是因为在这种状态下，我们在做着自己真正热爱的事。

## 记录闲暇时光

**真正爱上一件事并想把它做好时，靠的绝不是一时的兴趣，需要抛却急功近利的心态，无条件地投入其中。**

我们每个人做的事可以分为两种：

第一种：你不得不做的事。你做这类事时有很现实的目的，比如为了挣钱、为了生存等。你不一定愿意或者喜欢做这些事，但是却不得不做。

第二种，你主动想做的事。你自己内心想做的事情，没有明确目的，单纯就是自己喜欢、想做。

这样一分类，大家就明白了，第二种你主动想做的事很有可能就是你的热爱。

要发现自己的热爱，可以把自己主动想做的事列出来，记录自己闲暇时在做什么。

所以，你回想一下自己平时闲暇时候做得最多的事情是什

　　么。如果回想不起来，那么你就从现在开始记录一个月内你在闲暇时间都做了一些什么事情——你做得最多的事情，很可能就是你所热爱的事情。

　　热爱，是一个人最大的天赋。而发现自己的热爱，是实现人生价值的前提。在不同的人生阶段，你可能会有不同的热爱。所以，在发现热爱的过程中，你需要做的就是永远听从自己内心的声音——爱你所爱，行你所行，时间会给你最好的答案。

# 第三节 尝试"斜杠人生"

在 2018 年的世界杯比赛中，第一次杀入世界杯决赛圈的冰岛队，在首场比赛中以 1 比 1 战平了球星云集的阿根廷队，一战成名。

冰岛，堪称有史以来参加世界杯决赛的人口最少的国家。因此，球队中的大多数球员除了踢球外，都有自己的职业或者兼职。

主帅：哈德格里姆森，兼职牙医，给小镇的人看牙。

中后卫：卡里·奥德纳松，学生，在美国阿德尔菲大学攻读企业管理硕士。

中场：拉格纳·西于尔兹松，兼职地产老板，还是一家渔业公司的董事。

中场：阿隆·贡纳松，兼职手球运动员，被誉为"扔界外球就像扔手榴弹"。

前锋：约翰·伯格·格维兹蒙松，电竞高手，职业 CS 选手。

右后卫：比尔基尔·毛尔·塞瓦尔松，兼职飞行员。

门将：托尔·汉内斯·哈尔多松，MV导演，球队宣传片和可口可乐冰岛地区世界杯广告就是他拍的。

没错，冰岛队的这些球员，都是我们经常说的"斜杠青年"。斜杠青年，指的是一群不再满足于专一职业的生活方式，而选择拥有多重职业和身份的多元生活的人。"斜杠"一词，则源于英文单词Slash（斜杠），出自《纽约时报》专栏作家麦瑞克·阿尔伯撰写的《多重职业：让工作和生活获得双重成功的新模式》一书。

这些人在自我介绍中会用"斜杠"来定位身份，例如，大卫，记者/演员/摄影师……这些职业之间的"/"，便成了他们的代名词。

如今，斜杠青年越来越流行，多元职业已成为年轻人热衷的生活方式。虽然"斜杠青年"一词是近年才流行起来的，但是古往今来，"斜杠青年"们已存在很久了。例如，"通才"达·芬奇的身份就是：画家/作家/天文学家/发明家/军事家/雕刻家/音乐家/考古学家/地质学家/生理解剖学家……而鲁迅的身份则是：文学家/思想家/革命家/政治家。

有科学研究表明，人天生就有发现新奇事物，通过寻求挑战来施展才能和获得新技能的内在动力，即使没有任何外来激励，人也会自主行动——这种行动的驱动力，来自于对挑战和成长的渴望。

所以，成为斜杠青年的第一步，是要找到一件自己想做的事——当我们发自内心地想要做某件事时，这件事本身就是目的。我们做这件事不是为了得到报酬或奖赏，而是因为在做的过程中能够得到乐趣。

在本章的前面两部分，我们已经通过对自己的洞察，找到了自己擅长的事情，找到了自己内心的热爱。也就是说，我们已经完成了第一步——发现自己。

接下来，我们就可以开始第二步——尝试"斜杠人生"了：一方面，我们可以用行动去实践自己热爱和擅长的事情；另一方面，在行动中不断淬炼自己所热爱和擅长的事。

在具体执行上，我们主抓这三个问题：

## 什么样的人适合开始斜杠人生

人的精力是有限的，有些人把自己的第一职业（本职工作）做好，就已经拼尽全力了；但有些人却能身兼数职。所以，不是每个人都适合做斜杠青年。或者说，做斜杠青年需要一定的实力基础。

那到底什么样的人适合开始斜杠人生呢？

第一类：第一职业已经做得很好，有多余精力去做热爱的事。

2017年《富比世》杂志选出的"40位40岁以下的影响力人士"

中，有1/4的人是斜杠青年。例如，爱彼迎联合创办人杰比亚还是家具设计师；小威廉姆斯是职业网球选手，也是有证照的指甲彩绘师。

很显然，杰比亚与小威廉姆斯都是属于自己的本职工作已经干得非常好的人，他们有足够实力去缔造自己的斜杠人生。

把第一职业做好，是一个人安身立命的根本。如果你的本职工作还没有做好，却还要分出一部分精力去斜杠，这样做很可能导致斜杠没有成功，本职工作也没有做好，两边都没有收获，到头来只能两手空空。

如果你想成为斜杠青年，首先要看一看自己是否在第一职业上已经做到够好，而且还有多余的时间和精力。这个时候，再想想自己还有没有尚未实现的爱好或梦想。

第二类：想去做自己热爱的事，对第一职业只是正常的完成。

我认识一个在银行工作的阿姨。她参加工作后一直在银行工作，干了30多年了。但她从小就很喜欢跳舞，梦想着在舞台上翩翩起舞，但因为时代的限制，也因为要抚养孩子、照顾老人，她根本没有精力去实现自己心中的这份热爱。

对于自己的这份工作，她谈不上有多喜欢，只是兢兢业业地完成。毕竟做了那么多年了，已经非常有经验，工作起来可谓轻车熟路。

然而，六年前，她开始了自己的斜杠人生——每天下班后都去跳广场舞，组队参加各种比赛。由于她很喜欢跳舞，而且小时候也有舞蹈基本功，很快，就成了广场舞届小有名气的人物。

这位阿姨的故事告诉我们，如果你心中一直有一份热爱想去实现，虽然你不可能扔掉自己的本职工作，但有精力和时间，那就勇敢去尝试吧。

第三类：对自己还不够了解，还没有确定第一职业。

在一次分享会上，我听到一位职业规划师讲了他给很多年轻人做职业规划的事。

他说，现在的年轻人，有一部分人有很清晰的目标与规划，因此，他们的职业规划很容易做。同时，也有一部分人没有清晰的目标与规划，刚参加工作时，看什么都新鲜，也感觉什么都喜欢，什么事情都想做。

对于后者，他通常都不会直接给他们具体的职业规划，而是建议他们，在条件允许的情况下，用尽可能低的时间成本和物质成本尝试自己感兴趣的事情。

我非常认可这位职业规划师的观点。很多人，即使运用本章前面给出的方法，也还是无法找到自己热爱和擅长的事。在这样的情况下，我也建议你直接开启斜杠人生，边尝试边去发现自己的热爱与擅长。在确定自己应该主攻什么之后，再确定自己的第一职业。

# 如何开启自己的斜杠人生

我给大家讲两个斜杠青年的故事，他们通过两种不同的方式，但最终殊途同归，都成为了斜杠青年。

这两种不同的方式，也是我建议大家成为斜杠青年的两种比较容易的方式。

思思的第一职业是文案策划。但是她一直对视觉化的东西很感兴趣。所以，她在工作之余，就按照自己的兴趣，画一些小漫画发布在漫画的社区里面，积累了一定的人气，并通过给人画商业漫画、插画挣到了钱。

后来，她发现，虽然画出来的东西很美，但真实的东西也很美，于是她喜欢上了摄影。随即，她又报名参加了专门的摄影培训班。给身边的几个闺密拍了照片后，她把照片放在朋友圈里分享，没想到效果很好，很多女孩都来找她拍写真，甚至是拍婚纱照。于是，她又变成了一名摄影师。

现在，思思的身份是策划人／插画师／摄影师——标准的斜杠青年。

安妮毕业于名校的经济专业，第一职业是一名金融咨询。但是，她很喜欢音乐，而且精通专业美声唱法，尤其喜欢合唱。虽然学了经济专业，但是她很清楚，自己其实想在演唱上有所建树。

她很早就给自己定下目标：一是参加全球顶级合唱大赛并拿下名次；二是成为专业音乐院校的校外导师。她把这两个目标一步步拆解，并制订了清晰的实践步骤。于是，她就这样，一步步按照自己定的计划，实现了自己的目标，成为了一名颇有成就的斜杠青年。

思思和安妮走的路径，就是开启斜杠人生的两种典型方法。

思思的方式是：顺着心中的热爱，想做什么做什么，走到哪里是哪里，自然而然地成为斜杠青年。

安妮对应的方式是：列出清晰的计划和清晰的行动路径，一步步达成。

这两种方法，都可以助你开启斜杠人生。如果你喜欢在没有什么压力的条件下无拘无束地做自己喜欢的事情，那你就可以走思思的路线。如果你是一个做事情很有计划，目标性很强的人，而且你也有能力规划成为斜杠青年的具体路径，并且有恒心按照计划一步步实现目标，那你不妨参考安妮的路线。

## 如何在斜杠中不断发现自己

实践是检验真理的唯一标准。同时，实践也是检验热爱的绝佳标准。

在斜杠中，我们不能盲目进取，也不能委屈自己，要时时刻刻用实际效果来检验自己的斜杠选择是否正确，可以从两方面入手：正视自己的内心感受；观察自己取得的成绩。只有在行动中，才能更精确地认识自己，发现自己的热爱，发现自己所擅长的一切。

## 正视自己的内心感受

在这个不断追求的过程中，你是快乐的吗？你依然对自己当初的热爱充满激情吗？你是否还愿意像当初一样，不为经济、物质的目的，不断地去探索、去挖掘、去提高，你只是因为单纯的热爱吗？

哪怕在这个过程中，你会遇到很多困难，会有很多难以坚持下去的时刻，你都觉得这些不过就是需要战胜的挑战，并且很乐于去突破、去解决，且乐在其中，为自己的每一分进步而欣喜、而满足吗？

或者，因为把爱好变成了一门职业，你需要面对很多现实的问题，例如，客户苛刻的要求，更多精力的辛苦付出，与付出不对等的收入，需要继续强化的专业能力等。这些需要你去面对和突破的难题已经把你的激情渐渐磨灭，导致你对当初自己热爱的东西再也提不起丝毫兴趣了吗？

如果对于前两个问题你的回答是肯定的，那么，这份热爱与擅长就真的是自己的热爱。而且我相信，你通过不断地探索、不断地磨练，做到了所热爱的与所擅长的完美结合。

如果对第三个问题你的答案是肯定的，那就说明，你选择的这份职业并不是你真正热爱的，你可能需要去重新发现，或者调整自己。

## 审视自己取得的成绩

如果单凭内心感受，还不足以判断你的选择是否是自己真的热爱，那么，不妨看看自己所取得的成绩吧。

如果你在尝试的过程中并没有取得突出的成绩，技能也没有显著提升，总之，你的状况并没有发生质的变化，与该领域的专业人士相比依旧根本没有任何竞争力。这样的现实就是在告诉你——你看错了自己。

反之，如果你在所热爱的事情上技能不断突破，取得的成绩一个接一个，你的状态越来越好，已经称得上这个领域的专业人士，可以与把该行业作为第一职业的人一争高下了。那么恭喜你，你看清了自己，你也遇见了更好的自己。

我还是想重复一下那句话：实践是检验真理的唯一标准——"是骡子是马，拉出来遛遛"。是不是真的热爱，是不是真的擅长，不妨勇敢去试一试。

## 本章小结

让自己更值钱，首先要做的，就是要真正认识自己，发现自己的优势，我们可以用以下三种方法去寻找自己的优势：

### 挖掘已有技能

因为熟悉，所以无视。你最大的优势，很可能就藏在你每天的生活里。你需要重新审视自己的工作技能，尤其是看家本领。

具体有如下三种方法：

**看整体：**把你所有的工作技能整合在一起，使其成为一项优势。

**拆版块：**把你的技能拆成更小的版块，找到其中最有竞争力的一项。

**找反馈：**看看别人对你的反馈，大家经常夸你什么，找你帮什么忙。

### 发现内心藏着的热爱

你的热爱，就是你的天赋所在。找到自己的热爱，就能找到自己的最大优势。具体可以通过以下三种途径来实现：

1.直面内心欲望：你的欲望里藏着你的热爱。注意，不要被表层欲望迷惑，要去追寻内心的根本欲望。你要一层层地追问，直到再也找不出答案为止。如此，你就能找到内心中最渴求的欲望，并重视它。

2.发现心流时刻："心流"往往出现在你正在做自己热爱的事情的时刻。有一个很简单的发现热爱的办法，就是看自己做什么事情的时候会进入"忘我"状态。

3.记录闲暇时光：你闲下来的时候做得最多的那件事，就是你的热爱。

## 尝试斜杠人生

不要拘泥于现有的自己，顺着自己的渴望开始斜杠人生，你就能找到自己的热爱。你可以没有具体计划，只是顺着内心的召唤去做想做的事情，自然而然地成为斜杠青年，并最终找到自己的热爱。

当然，你也可以制订具体的执行计划，一步步地实现计划，将自己打造成斜杠青年，并最终找到自己的热爱。

Step 2

# 定 位

聚焦优势，找到你的"爆款人设"

**营销学解释**:把产品打造成爆款，需要一个能成为爆款的"定位"。把自己打造成爆款，你需要一个能成为爆款的"人设"！

"怕上火，就喝王老吉"——对于产品功效的精准定位，让广东的一款凉茶饮品声名远播大江南北，一度超过了"全球饮料之王"——可口可乐——在中国的销量。

"今年过节不收礼，收礼只收脑白金"——用途的精准定位，让脑白金热卖了十多年依然热度不减。

"防止牙龈出血"——产品主要功效的精准定位，让云南白药牙膏异军突起，从日化巨头口中抢下了大片市场——一个原本卖止血药的品牌转型来卖牙膏，居然做成了行业内全国第二，可以称得上非常成功。

一个产品能取得成功有多种原因，但上述提到的三个产品之所以能热销，其定位之精准功不可没。

"有史以来对美国营销影响最大的观念"——是《定位》这本书封面上的一句话。的确，在营销界，言必提定位。这是为什么呢？因为定位解决了产品营销的一个根本问题，即"你是谁"的问题。

你会发现，一切营销都是基于"你是谁"来展开的——这是后续一切营销活动的根基与源点。定位如果对了，就很可能一举成为爆款；如果不对，再怎么使劲都没有用，因为从根上就错了。试想，如果一个产品要卖出去，连自己是什么都不知道，怎么能卖好呢？

同理，我们把自己打造成爆款时，你就是一个产品。要想成功，你也需要一个准确的定位——给自己一个对的"人设"。

如何根据我们找到的自身优势，打造"爆款人设"呢？

# 第一节　人设，扮演好自己有多重要

很多明星在没有找到自己对的人设前，都曾拼命努力，但很长一段时间内仍然不为人所知。

例如，美国著名影星史泰龙，因为小时候做手术伤到了面部神经，导致说话不清，笑起来表情也很难看。这样的条件，在影视圈肯定是很难发展了。但是，他根据自身的特点为自己进行了精准定位，专门饰演影片中语言不多、表情冷酷的角色。这一定位使得他大获成功，最终成为著名影星。

Papi酱，一位超火的网络达人，一个靠短视频实现人生逆袭，"集美貌与才华于一身的女子"。但是，你知道吗，她也曾因为人设不对，苦苦奋斗十多年，却没有在观众中激起一点儿"火"花。

2005年，Papi酱考入了中央戏剧学院导演系，在学校期间就开始了各种工作，演过电视剧、话剧，策划过节目，参与制作过电视剧，自己也拍过短视频，一直勤奋地在影视圈子里耕耘。然而，十年多的时间里，她却一直未曾获得自己所期待的成功。

直到 2015 年 10 月，Papi 酱找对了自己的人设，开始在网上发布原创短视频。2016 年 2 月，她利用变音器发布《男性生存法则》等作品，以表演夸张、语言犀利的形式和直面热点问题的主题，旋风般地一举爆红。

史泰龙、Papi 酱——中外不同年代明星成长的故事，都告诉我们一个道理：找对人设，扮演好自己有多么重要。

我将从以下几个角度分析人设的重要性：

## 以终为始，人设决定了你的行动路径

美国著名的管理学大师史蒂芬·柯维，在《高效能人士的七个习惯》这本书中提出的第二个习惯，就是"以终为始"。

具体而言，就是指人的一生应该知道自己要什么，自己的目标是什么，这就是"终"。而朝着这个"终"，也即朝着这个目标集中全力去追求，就能收获成功的人生——这就是"以终为始"的含义。

"以终为始"的思维，不仅仅适用于我们整个人生，也可以应用在我们做任何一件事上。要想做成一件事，高效的做法就是先确定"终"，即希望达到的目标和结果，再倒推来设计如何

"始"，即如何实现目标的策略和步骤。这样，我们就能少走弯路，明确地朝着目标、结果去行动。

影坛巨星成龙刚出道时，总是扮演严肃的正面英雄形象，拍了很多电影，却始终没有走红。后来，导演袁和平经过分析，觉得成龙身手敏捷、灵活，特别是在克敌制胜后偶尔展颜一笑的神情、动作，非常适合扮演喜剧性英雄人物。

自此之后，"喜剧性英雄人物"就成了成龙的人设。成龙在影片中也一改往日的硬汉形象，而以明朗、诙谐、快乐的面孔出场。有了明确的人设以及清晰的个性特征，经过多部作品的积累和发酵，成龙很快声名大噪。

"以终为始"，可以说是一种高效达成目标的思维方式和行动模式。而人设，则是我们最终要实现的目标，是我们在把自己打造成爆款时的努力方向，是我们要到达的目的地，它指导着我们的行动路径，决定了我们从哪里开始、到哪里去、该怎么走。

## 哪里开始，人设决定了你能否成为爆款

你有一个强大的竞争对手——这是在选定人设时通常要面临的现实。

在Papi酱走红后，又很快出现了很多模仿Papi酱的人，有

些甚至还声称自己是"Papi 酱第二"——他们希望自己也能够像 Papi 酱一样人气爆棚，甚至选择了和 Papi 酱一样的成名路线。这种做法当然在情理之中，但是很遗憾，没有一个模仿 Papi 酱的人最终像 Papi 酱一样一举成名。或者，就算能火一阵子，也不可能火过 Papi 酱。

这是为什么呢？因为人设错了。Papi 酱已经成为这个人设上最火的一个人，她已经占住了这个位置，别人再进来，就不大可能超越她。用一句大白话说就是："这个坑人家已经占住了"。

如果你还不相信，你觉得自己比 Papi 酱长得好看，表演得比她更好，段子写得更有意思。对不起，这也不行。我们来看一看下面这个案例。

在商业领域，有一个著名的"721 法则"，就是在一个发展成熟的品类中，一流企业通常能拿下 70% 的市场份额，二流企业能拿下 20% 的市场份额，后面的小企业就只能一起抢那 10% 的市场份额。

大家都知道，在碳酸饮料品类中，可口可乐称得上是"全球龙头企业"，百事可乐再怎么努力，请再多当红的明星代言，花再多的推广费用，市场份额也不可能超过可口可乐。这就是市场规律，短期内难以打破。

假如你也经营着一家饮料公司，很不巧，你做的也是碳酸饮料, 你想杀入这个市场, 但又注定当不了老大, 这时你该怎么办呢? 毕竟, 谁都有一颗蠢蠢欲动想做老大的心, 况且根据马太效应——强者愈强, 弱者愈弱, 但偏偏谁都不想成为那个弱者。

这个时候, 你可以想想办法, 比如避开与可口可乐的直接竞争, 另外开辟一个品类。于是, 就有了雪碧等饮品——雪碧依然还是碳酸饮料, 但不是可乐, 厂商避其锋芒, 另辟蹊径, 这种做法就很聪明。

雪碧后来也发展得很好, 于是, 其他人也想跟风做碳酸饮料。但市场上已经存在可乐和雪碧这两大巨头, 这时候该怎么办呢? 你可以做橙汁味的碳酸饮料, 于是就有了美年达。

我们在把自己打造成爆款的过程中, 毫无疑问也会面临很多竞争。但很不巧, 在你好不容易发现的自己的优势点上, 已经有了强大的个人品牌, 有人已经牢牢占住了这个领域内的先发优势。这时, 人设就要发挥作用了——人设对了, 你还是能成为爆款, 人设不对, 你就不可能火起来。

具体该怎么做呢? 比如, 你可以把自己的人设确定为专门讲"男女感情问题"的搞笑短视频博主。这时你就会发现, 你不必与Papi酱直接竞争了, 你有了自己的天地, 你也有可能成为这片天地里的老大。

到这里, 有一定市场营销知识的朋友肯定已经明白了, 这个方法，就是市场营销中经常用到的市场细分。关于如何确定人设，我会在本章后面的两个部分进行详细讲述，在此不再展开。

所以，人设直接决定了你能否成为爆款。也就是说，你的人设决定了你做某一行有没有市场，以及市场会不会买单。

## 人设决定了你能成为哪个级别的爆款

一家做手机的公司和一家做平板电脑的公司，如果发展都很顺畅的话，你觉得哪一家公司会更成功？

我相信，每个人应该都能轻松地说出答案：做手机的公司能做得更大。毕竟，如今人人都离不开手机，而不一定需要使用平板电脑。

如果你是一位营养师，你很擅长做月子餐，也很擅长做宝宝营养餐。你决定把自己打造成爆款。请问，你会选择把自己的人设确定为月子餐营养师，还是宝宝餐营养师？

我相信，两个答案都有人选。毕竟，月子餐是大家经常听到的一个词语，宝宝餐反而没有太多人说——似乎月子餐更耳熟能详一些，看起来也比较有市场。但如果是我，我会选择宝宝餐营养师。为什么呢？原因其实很简单——宝宝餐的市场规模更大。

你想，月子餐只是女性在生育后坐月子时需要，通常需求只有一个月的时间。而宝宝餐则会有更长时间的需求，而且孩子在不同阶段，饮食的需要还不一样。每个孩子，都有自己的身体特征和特殊需要，宝宝餐更具多样性，自然其市场规模也就更大。

人设其实决定了你的市场定位，你的市场定位决定了你的市场规模。因此，在你人设确定的那一刻，你的市场规模和发展空间就确定了。不管你怎么努力，你都不大可能突破这个市场空间，你只能在你划定的市场里面，尽可能拿下更多的市场份额。

当然，也不是说人设确定了，当触碰到天花板后，你就没有发展空间了。在定位理论中，有一个方法叫重新定位——推翻原来的定位，重新进行定位，让产品拥有新的目标用户与市场机会。

所以，你如果到了事业天花板，要想突破这个市场，你也可以对自己进行"重定人设"，扩大人群、扩大种类、持续深挖，这些方法都可以使用。比如，你确定了做宝宝营养餐，并且发展得很好，当你发现自己已经做到这个细分类目中的顶层，市场占有难以再继续扩展时，那么你就可以升级到做家庭营养餐，扩大经营种类和客户群，这样你的市场空间就又扩大了。

随着人设的转变，你的爆款级别也可以同时得到提升。

# 第二节　好人设的三个标准

好的人设必须符合三个标准：做自己，切口小，空间大。

## 做自己

好人设的第一个标准，就是要做自己！

在把自己打造成爆款这件事上，我最鼓励大家去尝试做自己。

**第一，做自己，你能很舒服地扮演自己的人设。**

当确定人设的时候，我们必须保证这个人设不会让你紧张，不会让你不自在，不会让你不知所措。否则的话，你是无法有好的表现的。

简言之，就是我们一定要能很舒服地"演好"这个人设。

怎么才能做到这一点呢？

必须保证这个人设就是你自己，你不需要去表演，你就是在正常地做自己。只有这样，你才能自然地表现，流畅地演绎，爆款之路才能走得更为长远顺利。

一手打造了"办公室小野""七舅脑爷""代古拉K""慕容瑞驰""大嘴博士"等诸多热门IP的操盘手——洋葱集团的创始人聂阳德对人设有过专门的讲述。他说，选定人设的一个重要原则就是，一定要让一个人的人设是他／她自己，一定不要违背这个人本来的特性。

比如，如果非得让一个性格内向的人去拍短视频，讲段子逗大家笑，这是不可能的。因为这个人一定会在这个过程中很痛苦，他／她能坚持一天两天，但不可能一直坚持，他／她一定会为难自己到无法持续的地步，并最终放弃。

**第二，做自己，你能最大可能地演好自己的人设。**

如果不是因为要做自己，给自己确定了对的人设，德国化学家奥托·瓦拉赫（诺贝尔化学奖获得者）可能会一辈子默默无闻。

奥托·瓦拉赫的成功就在于他的化学老师发现了他的长处，为他的人生重新做了定位，也就是给了他对的人设。

奥托·瓦拉赫刚上中学时，他的父母希望他走上文学之路，但老师说他文风过分拘泥，很难在写作上发挥出全部天赋。后来，他的父母又让他改学油画，可他不擅长构图，对色彩也不敏感。

面对如此笨拙的学生，大多数老师都会认为这孩子成才无望。而化学老师却发现他做事一丝不苟，具备做化学实验的优秀品质，建议他改学化学。当然，奥托·瓦拉赫也确实对化学非常有兴趣。他潜心研究，并乐此不疲，就这样，奥托·瓦拉赫的智慧火花一下子被点燃了。

有开车经验的朋友都有这样的体会，当一辆车跑起来后，你只要稍微给一点儿油，车就能飞奔起来。"从成功走向成功"是一个人成功的一种重要策略。把自己打造成爆款也是一样，充分地发挥自己的优势，你就很容易取得成功。而在具体的操作手法上，就是要扬长避短。

显而易见，扬长避短是确定人设的一种正确方法，同时也是最省力、最容易成功的方法。奥托·瓦拉赫的故事说明了：人必须要真正做自己，做自己热爱的事情，才能充分发挥自己的潜能，最终实现最大的成就。

## 切口小

"七舅脑爷"是抖音上排名前十的"草根'达人'"。1992年出生的他曾经是一名电气工程师。25岁时，他放弃了优渥的工作，尝试了销售、片场助理等不同类型的工作。在他26岁这一年，通过拍摄短视频一举爆红，在抖音上拥有了3000万粉丝。

"七舅脑爷"之所以能取得成功，一方面得益于他的勇气，一方面则在于其巧妙的人设。在他的视频中，"高智商帅气暖男"是他的人设。他在视频中的搭档则是"抖音最难哄的女朋友"人设，任性、刁蛮，还有一点儿"公主病"，经常发脾气，同时也很容易感动与满足。

"七舅脑爷"的每条视频都是一个小故事，虽然场景、故事各不相同，但每个场景中展现的都是他尽心尽力为女朋友做事的温暖举动，女朋友虽然刁蛮任性，但是男友对她非常宠溺，并且想尽一切办法让女友开心，既迎合了众多女性网友，也为男性网友提供了"哄女朋友的技巧"。

"七舅脑爷"的人设，选择的是一个很小的切入口，通过短剧方式表现如何哄女朋友。我此前提到过，把自己打造成爆款要面临的一个很重要的问题，就是基本上每个领域都有很有影响力的成功者。你要想获得成功，最有效的方法就是进行市场细分——意味着塑造人设时的切口要足够小。因为当大市场被人占据后，你只能把触角延伸到更小的市场。

就好比你想进入互联网行业，就会面临与BAT（百度、阿里巴巴、腾讯）、今日头条等一些行业深耕者的竞争。面对如此强大的对手，一个小小的创业者出奇制胜的最佳选择就是深挖一个小的细分市场，并争取在这个小市场上做得比这些大企业更好。因为大企业难以照顾到每个细节，而小企业可以利用自己的优势，抓住机会抢占一部分细分市场。

所以，我们在塑造人设时，最好选择一个很小的切入口，这样突破细分市场时会相对容易一些。

你可能会担心：从太小的切口着手，会不会造成市场规模太小、受众有限、发展空间局限等问题。若真的出现这些问题该怎么解决呢？

## 空间大

我们继续看"七舅脑爷"的案例。截止到 2019 年 12 月，他在抖音上已经拥有了 3000 多万粉丝，这个粉丝量，在抖音草根大号中排名前十，属于超级头部大号。

你可能没有想过，一个以短剧形式讲怎么哄女朋友的账号会有这么多粉丝吧。毕竟，怎么哄女朋友，是一个多么小的点啊，怎么可能有这么多粉丝关注呢？

这就是好人设的第三个标准了。切口小的同时，还要空间大。这个"高智商暖男""超会哄女朋友"的人设，之所以会被如此多的用户接受，其中一个重要的原因就是——这个主题有足够多的人关注。

怎么哄女朋友这个问题，放大了来看，其实就是恋爱过程中最重要的问题啊，年轻的男生、女生想看，甚至结了婚的夫妻要想生活更甜蜜，也会选择看。毕竟，在现实生活中，女朋友往往觉得自己的男朋友不够浪漫，不够懂自己；而男性朋友往往觉得自己的女朋友无理取闹、爱生气还特别难哄。

而这些视频中清晰的人设——高智商、好脾气、帅气阳光的"暖男"，还懂得很多哄女朋友开心的小技巧，完全贴合了女性心目中完美男朋友的形象，并且也让女性看到了男友为了哄自己开心而如何绞尽脑汁，继而引发了女性的反思及改变。

视频中的女友刁蛮任性，和男友的思想常常"不在同一个频道"，则会让男性获得同感。更重要的是，他们可以从视频中学到如何快速哄自己的女朋友开心的方法，更了解女性的思维特点，更能领悟女朋友关注和在意的点，从而可以更好地与女朋友相处。观看视频受益良多，他们有什么理由不看呢？

所以，"七舅脑爷"的这个人设，虽然切口小，但是发散和发展的空间足够大。而空间大，正是我们在确定人设时要坚守的第三个标准。

好的人设一定是同时符合这三个标准，而不是只符合其中一两个。

以我自己为例，在我的个人抖音号"有料先生"中，我的人设就是"带你看美好中国的爱国达人"——这个人设让我可以做我自己，因为我深爱自己的祖国，也很愿意花时间把中国各个地方、不同领域的事物、方方面面的变化展现给大家看——这是我衷心喜欢做的事情。

同时，这个人设切口小——带你看美好中国，每一期视频都围绕一个具体地方或事物展开，切口很小。

最后，空间很大——中国的好风景、好物产、好人物、高科技等，都是美好中国的一个部分，可以开拓的空间足够大。

所以，"带你看美好中国的爱国达人"这个人设，就是一个符合以上三个标准的好人设。

# 第三节　三步定出爆款人设

明白了人设的重要性，也知道了好人设的标准，在这一小节，我们来看看如何确定自己的爆款人设。

## 找人设

在上一章中，我们洞察自己，发现了自己的优势，对自己有了清晰的认知。不过，这些优势都是从自我角度出发而发掘出来的，并没有考虑市场的需求。而人设是自己给自己的市场定位，需要考虑市场上会不会有人买单。

所以，我们要做的，就是结合自我优势和市场需求，找准自己的人设。具体有如下几种方法：

### 方法一：从用户需求出发

营销学泰斗菲利普·科特勒对营销的定义是：有盈利地满足

用户需求。公司的产品或服务，就是要满足用户的需求。所以，从用户的需求出发，同样是找准人设的常见且有效的方式。

在大城市有过就医经验的朋友都很清楚，挂上一个三甲医院特色科室的专家号是非常有难度的。所以，快速挂专家号，就是一个市场刚需。

有一个专门服务于挂号人群的平台，叫"一呼医生"，它就对外打出了"一分钟挂上专家号"的宣传口号。而这个平台提供的服务，就是能让大家轻松地挂上专家号。

所以，"能一分钟挂上专家号的平台"，就是"一呼医生"的人设。

同理，你在确定自己人设时，可以审视一下自己的优势能对应市场的哪一种需要。比如，你能快速做PPT，那么"美化PPT，一小时极速出活"，就可以是你的人设。

所以，如果你的优势能解决人的某个痛点，能满足用户的需求，那么这个优势就可以是你的人设。

## 方法二：从自身特点出发

从用户的需求出发，是反推用户需要什么，从而去契合用户需求。从自身特点出发，则是把我们的优势，直接告诉目标用户。

我之前在联想工作时，参与推出过一款手机——联想K860，它的核心卖点是"百张连拍"——这就是从产品本身的特点出发找到的卖点。在2012年的技术水平下，连拍100张是很了不起的一项功能，很有市场竞争力。

从产品本身的特点出发，这种方法适合于对自己的产品有极度自信的情况，确定人设时，如果相信自己某个优势能引领或者激发用户需求，在市场上具有强大竞争力，可以"秒杀同行"的话，就可以采用这种方式。

比如，罗振宇的"罗辑思维"在一开始，就是每天早上给大家发一段60秒的语音。后来，就变成了每天早上大家等着这60秒的语音——这就是从自身特点出发，一步步开发出用户新需求的典型。由于60秒语音的持续维护，使用户逐渐养成了新的习惯，激发了目标用户每天早上听这60秒语音的需求。

## 方法三：差别化战略

被誉为"竞争战略之父"的美国学者迈克尔·波特提出的"竞争战略"，是当今全球最重要的战略之一。在《竞争战略》一书中，迈克尔·波特提出了三种卓有成效的竞争战略：总成本领先战略、差别化战略和专一化战略。

其中，差别化战略是将产品或公司提供的服务差别化，树立起一些在全产业范围中具有独特性的东西。

差别化战略，是企业竞争时寻找自己公司人设的一种行之有效的方式，同时也非常适合我们在塑造个人人设时使用。

上文中我们提到不能直接做"Papi 酱第二"，但是可以做"男女感情界的 Papi 酱"，这个人设就符合差异化竞争策略。在我们找人设时，这种情况非常常见，其核心表现就是去针对更细分的市场，扬长避短，后来居上。

这里特别需要说明，不要为了差异化而差异化，而是从用户的真正需求出发，这样才能真正确保自己人设的正确性。

## 方法四：成为第一

你可能瞬间答出世界上最高的山峰是珠穆朗玛峰，但是，你能快速说出世界第二高的山是哪座山吗？你知道第一个登上月球的人是美国宇航员尼尔·阿姆斯特朗，但是，你能快速说出第二个登上月球的人是谁吗？

人们对"第一"的印象难以抗拒，所以，人们也可以轻而易举地记住那些"第一"。

说到这里，你可能会想，"全球第一、业界第一"，我做不到啊！其实你不用担心，根据定位法则，市场营销的根本要点是：创造一个你能成为第一的新领域，率先进入人们的心智。

夏伯渝，这个名字你不一定知道，你也不一定会对这个名字或者这个人感兴趣。但是，如果我告诉你，他是中国第一个靠假肢登上珠峰的人，那么这个记忆点就会帮助你记住他。

所以，在找自己的人设时，成为某个领域的第一，无疑是一个很好的方法。

## 定人设

定人设的过程和产品选卖点的过程是一样的——本质上都是希望这个人设或这个卖点能够让自己或产品一炮而红，成为爆款。

在很多营销分享上，如果讲到如何确定产品的王牌卖点，我都会给大家出一道题目，因为这道题能让大家瞬间明白，应该选择哪个卖点作为"王牌卖点"。

这道题是这样的：

一个可折叠的儿童充气小游泳池，这款产品有两大卖点，要求你从中选择一个。一个卖点是这个产品可以折叠，且折起来只有一把雨伞那么大，可以带到任何地方，让孩子在任何有水的地方都可以自由自在地游泳。比如，在沙滩上，打开后装上海水，就能让孩子在沙滩上游泳了。

另一个卖点是，这个产品可以折叠，折起来只有一把雨伞那么大，放在家里，完全不占地方。

你会选择哪个卖点呢？很多人选了第一个，因为觉得第一个卖点强调它可以被带到任何地方，其便利性很突出，很有吸引力。

然而，出人意料的是——其实更好的选择应该是第二个。

这是为什么呢？因为确定产品卖点有三个标准：高频、刚需、市场大！

根据这三个标准，我们来分析一下这个可折叠儿童充气游泳池的两个卖点。

第一个卖点是这个可折叠儿童充气游泳池可以被带到任何地方。这个需求其实不高频，因为一般家庭不会经常度假；也非家庭刚需，因为都到外面度假了，孩子可以玩的有很多，要游泳也有很多选择，不一定需要这个游泳池；没有那么高频和刚需，市场自然不会大。

而放在家里可以节省空间这个卖点，就完全不一样了。现在的房子都很贵，尤其是在大城市，房子基本都是小户型。可折叠儿童充气游泳池折起来只有一个雨伞那么大，占地小这一点真的很吸引家长。而且，这一需求其实也很高频，因为很多家长喜欢让孩子游泳，去一次专业场地很贵，而在家里练习却很省钱，这样的家庭不在少数，所以市场也够大。

根据以上分析，我们应该选择第二个卖点。

同理, 定人设也是一样, 把你自己找出的人设, 用 "高频、刚需、市场大" 这三个标准来权衡一下, 就能够轻轻松松比较出这个人设的合理性。

举个例子, 如果你是一名专业英语老师, 目标人群是外企职场人士, 你希望具体化你的人设, 现在有两个方向, 一个是商务英语口译老师, 另一个是英文邮件写作老师。你会选择哪一个呢?

让我们用 "高频、刚需、市场大" 这三个标准来分析一下。

商务英语口译老师:

不够高频: 不是每个外企职场人士都要自己做口译;

不够刚需: 需要口译时公司肯定有配备或者可以临时请一个翻译;

市场不够大: 在外企, 用到口译的频次没有那么多, 毕竟大家基本都会外语。


英文邮件写作老师:

很高频: 邮件是外企非常重要的沟通方式, 不管要不要和国外客户面对面聊天, 但一定是要写邮件沟通的。

很刚需：写好英文邮件的确是刚需。因为如果邮件
写不好，表达错误或表意不明就会造成沟通障碍，会给
工作造成困扰。

市场很大：外企的每个职工都需要写好邮件，所以
市场就很大。因此，外企工作人员就是你的目标客户。

毫无疑问，我会建议老师把自己的人设确定为：英文邮件写
作老师。

## 说人设

世界顶级咨询公司麦肯锡曾经有过一次沉痛的教训。一次，
该公司为一个大客户做咨询。咨询结束时，麦肯锡的项目负责人
在电梯间遇见了对方公司的董事长。这位董事长突然问："你能
不能说一下咨询的结果？"由于该项目负责人没有准备，而且即
使有准备，也无法在电梯从30层到1层的30秒内把结果说清楚。
最终，麦肯锡失去了这一重要客户。

从此，麦肯锡要求公司员工凡事都要在最短的时间内表达
清楚——这就是如今在商界流传甚广的"30秒电梯理论"，或称
"电梯演讲"。

在如今的互联网时代，我们面对的现实往往比"电梯演讲"更残酷。因为，很多时候，我们只有一句话的机会，甚至只有"一眼"——这一瞬间的机遇。

想象一下几个最常见的场景：你打开微信朋友圈，快速滑动手指。对于映入眼帘的每一条内容，可能连停留一眼的时间都没有；你打开淘宝，快速刷着页面，你肯定不会认真去看每一张图；你刷抖音，如果一条视频开头没有能吸引到你，你马上就滑到了下一条。

是的，面对如此残酷的网络世界，当你确定人设后，就需要把自己的人设用一句话说出来——这句话要有"瞬间抓住用户"的能量。

这不是一件容易的事，但我在十多年的营销与内容创作经验中，总结出了一套方法，保证你的这句话能瞬间搞定用户。具体而言，就是把握**"说得清、记得住、激得动"**这三点——也是这句话需要达到的三层效果。

我们在确定产品卖点文案时要把握的三个原则："说得清"，就是要说明白产品的特点；"记得住"，就是能让人过目不忘或过耳不忘；"激得动"，就是能激发人马上行动，关注、转发、购买或者其他互动。

确定描述自己人设的那句话时，也要把握这三个要点：

**第一点，说得清。**

说得清，就是说清"我是谁"，即把自己的人设说清楚。

我们需要把握一个关键点，即表述一定不能面面俱到，而是要触及本质，去掉细枝末节，用最精简的语言把最本质的东西说清楚。这需要你把握两个原则：

首先：放弃所谓格调。人们最容易犯的一个错误，就是喜欢用华丽的辞藻把人设修饰得特别"高大上"，觉得代表自己的形象的这句话必须要有格调。但片面追求语言上高级，就会使用一些虚无缥缈、空洞无意的词语。

其次，口语化表达。恰恰相反，我们的目的是要讲清"我是谁"。什么叫讲清？就是要让听到的人、看到的人，一下就明白"我"这个人设。所以，通俗易懂的语言，甚至口语化的表达，更容易达到这样的效果。

比如，"一呼医生"：一分钟挂上专家号；"努比亚 Z17 手机"：能拍星星的手机；"有料先生"：带你看美好中国；"有书"：你有多久没读完一本书了；"有书共读"：一起抵抗惰性……

这些一句话表述，都把定位或人设说得非常清楚。

**第二点，记得住。**

你在吃火锅的时候，担心上火，往往会点一听王老吉。因为你记住了那句话——"怕上火，喝王老吉"。做产品营销，如果要让人购买你的产品，首先要做到的就是要让人记住你。这样，大家在有类似的需求时，才会第一个想到你。

你能记得小时候妈妈讲的大灰狼的故事，但是，你很可能已经忘记了昨天颁布的公司新规。

其实，有些东西是能够天然被人记住的。在《让创意更有黏性：创意直抵人心的六条路径》这本书中，作者奇普·希思与丹·希思探讨了这样一个主题：什么样的东西更容易让人记住。

此书得出一个结论，能容易让人记住的事物通常具备"简约、具体、意外、可信、情感、故事"这六大特点：

> 简约：用最简洁的方式，表达唯一主题。
>
> 具体：说具体的事物，而不是抽象概念。
>
> 意外：内容在人意料之外，要让人吃惊。
>
> 可信：内容是让人信服的，要取得信任。
>
> 情感：有情感在内容里面，让人被打动。
>
> 故事：内容是一个好故事，人人都爱听。

当然，可能有时一个事物无法同时满足以上全部的特点。但是，这六大特点符合得越多，就越容易被人记住。

我们来看三个案例。

案例一　OPPO 手机：充电五分钟，通话两小时

这是 OPPO 手机非常经典的一句广告词，除了故事性稍弱外，其他五个方面都非常不错。而且在"具体"这个点上做得非常好。"充电五分钟，通话两小时"，直接说明了 OPPO 的"闪充"技术有多强。你设想一下如果直接说闪充功能强大，效果就差太多了。

案例二　一呼医生：一分钟挂上专家号

"一分钟挂上专家号"，直接说明了挂号有多快，且让人过耳不忘。用"简约、具体、意外、可信、情感、故事"这六个标准来检测，除了故事性差一些，其他标准都符合。

案例三　唯品会：都是傲娇的品牌，只卖呆萌的价格

这句话，是唯品会的广告语。翻译成大白话就是"物美价廉"。但是，把物美价廉用这样一个具体的对比性强烈的事实讲出来，你是不是一下就记住了呢。

在此，我想特别提示一点：为了让自己的人设能被更好地记住，一定要在"具体"上多下功夫——把一个抽象的概念用一个具体的事实说出来，是最容易见效的方法。

如果你的人设是高考音乐艺考培训，一种说法是十年音乐艺考培训经验，另一种说法是连续十年培训的学生都考上了中央音乐学院。

毫无疑问，第二种说法更能让人记住，也更有说服力。

如果你的人设是一个很擅长夜拍的摄影师。你可以说自己是夜拍高手，亦可以把自己说成是能拍好星星的夜景摄影师。自然，第二种说法更容易让人记住，因为它够具体，也够意外。

所以，当你为自己的人设找到一句概括性的宣传语时，不妨用这六个标准来检测一下吧。

**Tips：如何测试一句话能否被记得住**

在《口碑的力量——沃顿商学院最受欢迎的营销课》一书中，该书作者——美国口碑营销协会总裁安迪·塞诺维兹给出了测试口碑话题的三种简单方法。

因为口碑话题的目的也是希望大家能轻松地把话题传出去，所以，这三种方法对测试我们要的这句话能不能被人记得住同样有效。

这三种方法具体如下：

电话游戏：你的话题是否能在人与人之间传播至少三次，回到你的耳中依然可以辨识出原先的意思。

高中学校测试：询问一名高中学生，这个话题是否值得他们议论。只要他有少许兴趣，就意味着你的前景不坏。

客户测试：将口碑话题告诉一两个客户，看看会

发生什么情况。他们对话题有反应吗？他们重复这个
话题了吗？有没有新的顾客走进店里询问有关这个话
题的问题？

**第三点，激得动。**

贝医生，是我营销服务过的一家小米生态链企业，专注于研发与生产口腔产品。而贝医生的宗旨，是希望自己的产品能让中国人的口腔更健康。

我为贝医生想了一句概括其品牌使命的文案：让你80岁时还能啃骨头。

这句话，很清晰地说清楚了贝医生的使命，而且很容易被人记住，符合我们前面的两个标准。更重要的是，这句话很有力度，很能激发用户去购买贝医生的产品。

不知道你是否注意过，很多人在自己的工作号后面，或者抖音的每条视频中，都会加上这样的话：关注我，陪你每天读书；关注我，化妆知识全知道……

这些话，就是人设标签，而且也能刺激用户去关注。所以，我们表述人设的这句话也要有这样的效果，能够让人有被触动的感觉。

真正好的广告词，一定是能激发大家马上行动的。比如，汉庭酒店的广告词就是"爱干净，住汉庭"。香飘飘奶茶的广告语

现在已不再说每年销售多少包，连起来绕地球多少周，而是改为"小饿小困，喝点香飘飘"。王老吉饮品的广告语是"怕上火，喝王老吉"。

你发现了吗？这些广告词，都是在刺激你去马上行动的。汉庭酒店的潜台词是你如果想要干净，就来住店吧；香飘飘的潜台词是当你饿了困了，不妨选择喝奶茶；王老吉的潜台词是如果怕上火，可以喝凉茶去火。

所以，我们说自己人设的这句话，也需要打造出这样的效果，让人能马上行动，关注你或者马上购买你的服务，甚至于想马上与你合作，等等。

如果你想真正把自己打造成爆款，请做好你要做的第二件事：根据本章给你的方法，确定好自己的人设。

## 本章小结

### 人设有多重要

1.人设，决定了你把自己打造成爆款的目的地与行动路径。

2.人设，决定了你能否成为爆款。

3.人设，决定了你有多大的发展空间。

## 好人设的三个标准

1.做自己：做自己才能舒服地去"扮演"自己的人设，也才能最大程度地"演好"自己的人设。

2.切口小：从很小的口子切入，才能够避免与巨头的竞争，抢占属于自己的市场。

3.空间大：虽然从很小的口子切入，但需求旺盛市场广阔，人设的发展空间很大。

## 三步定出爆款人设

1.找人设：找人设的具体方法有：从市场需要出发去寻找，从自己的优势中寻找，差别化战略。

2.定人设：确定人设的三个检测标准是：高频、刚需、市场大。

3.说人设：人设要达到的三层效果是：说得清、记得住、激得动。

Step 3

# 进 阶

持续精进，成为专业高手

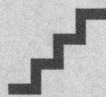

**营销学解释**：当有了产品定位后，接下来就是按照定位打磨好产品，且一代代地迭代产品。也就是说，我们要不断精进，努力成为某个领域的专业高手。

美国西南航空公司是美国航空史上的奇迹——一家天天打折的航空公司，却成了自1973年以来美国唯一一家连续盈利的航空公司。

那么，西南航空是怎么做到的呢？

1971年6月18日，罗林·金与赫伯·凯莱赫创立了美国西南航空公司，首航是从得克萨斯州的达拉斯到休斯顿和圣安东尼奥，是一个除简单配餐外不提供其他服务的短程航线。

之后，美国西南航空公司采取了一些被同行视为"不正规"的流程和做法，在非常讲求服务品质的航空业，西南航空的运营方式，在相当长的一段时间内为其他航空公司所诟病，但这并没有影响美国西南航空的高速成长。

美国西南航空创造了多项美国民航业纪录：利润净增长率最高，负债经营率较低，资信等级为美国民航业中最高。2001年的"9·11"事件后，全美几乎所有的航空公司都陷入了困境，而西南航空仍然在持续盈利。

2005年，由于运力过剩和史无前例的燃油价格问题，导致美国所有航空公司共计亏损100亿美元，达美航空和美国西北航空于同一年申请破产保护。即使在这样的情况下，美国西南航空公司依然能保持盈利。

美国西南航空为什么能如此成功呢？主要是因为其"演好了自己的人设"。

作为民航业廉价航空公司经营模式的鼻祖，美国西南航空公司在成立初期就旗帜鲜明地喊出了一个口号：我们要做票价最便宜的航空公司。

的确，近50年来，美国西南航空一直按照自己的人设进行经营。如今，仍以廉价航空公司的定位而闻名于世。如今，其在载客量上成为了世界第三大航空公司，也是美国国内通航城市最多的航空公司。

任何构思、计划最终变成现实，都需要经过"二次创造"。第一次创造是在脑海里创造，第二次创造是在现实中真正做出来。比如，马云在阿里巴巴创立时就喊出了"让天下没有难做的生意"这一愿景。基于这一愿景，阿里巴巴创造、衍生出了一系列商业平台，发展到今天，已然成为一个强大的商业王国。

再比如，一款产品要真正做出来，都是先由产品经理构思出来，对产品有了清晰的定义，然后再根据清晰的产品定义把产品真正做出来。

这里的企业愿景、产品定义，都是第一次创造。在上一章中，我们已经明确了自己的"爆款人设"意味着第一次创造已经完成，接下来要做的就是把这一人设在现实世界里创造出来。

在这一章，我们就来具体讲如何在现实世界中让自己的这一人设真正得以立住，换句话说，就是如何基于这一人设来行动，来"演好"这一人设，让我们的行动真正符合其内涵。

# 第一节　高手到底是什么样的人

要"演好"自己的人设，就要成为自己人设上的高手，如何把这一点变成现实呢？在这一小节，我们首先来了解高手的本质是什么，高手都是什么样的人。

## 高手的表现：稳定发挥，绝不出错

到底什么样的人才能称之为高手？

互联网上有一个流传很广的笑话：一次考试，我考了98分，学霸考了100分，我以为自己和学霸的距离更近了，毕竟仅仅只差两分嘛！没想到学霸说："你考98分，是你的实力就只有这么多；我考100分，是因为试卷总分只有100分。"

在这个笑话中，你做到了只错两分，但高手则做到了没有出错。

在投资界，"股神"巴菲特好似神一样的存在。在很多人眼中，他是有史以来最伟大的投资家。在投资领域，巴菲特是绝对的顶级高手。那么，他是如何成为投资神话的呢？

巴菲特从来没有隐藏过自己的投资哲学。对投资稍微有点了解的读者应该都知道，在巴菲特的投资哲学中，始终坚守以下最重要的两点：

第一，保证自己投资中的本金不亏损。

第二，一定要牢记第一条。

要做到本金不亏损，在投资界是一件相当困难的事情——不亏损，即意味着没有损失、没有失误。

学霸和巴菲特都是高手，我们来看看他们有什么共同点。学霸考试能拿100分，因为不会有错题。巴菲特能成为股神，是因为他能保证本金不亏。

而不错题、不亏本金，说到底就是不犯错误。所以，我们可以得出一个结论：高手，其实都是保证不出错的人——即每一次都能做好，每一次都能稳定发挥，且不会出现失误的人。

而有些人偶尔表现不错，甚至大部分时候都表现不错，但不可避免地总会有发挥不佳的时候，这样的人就还达不到高手的水准。

当然，学霸的案例和巴菲特的案例都有些极端，在现实中，高手通常每次都能有顶级表现。换句话说，就是每次表现都非常稳定，且高水准发挥。

具体而言，高手的表现有两个标准：第一，表现很优异，这就是水平高；第二，每次都优异，这是指很稳定。

比如，班上的学霸肯定不是每次都是满分，但是每次都能考 95 分以上，从来都不会跌出 95 分，成绩非常稳定。但如果一个学生在 10 次考试中，7 次得了 95 分以上，1 次得了 93 分，2 次得了 80 多分，那这个学生就不是高手——因为他的成绩不稳定。

要做到永远都保持高水准的稳定发挥，其实是一个很高的要求，毕竟，人不是神，难免会失手。那么，高手是怎么做到这一点的呢？

## 高手的本质：有关键方法，且完全精通

任何复杂事物的背后，都有着简洁的、可以概括说明的规律，这些规律便是事物的本质。

牛顿只用了三大定律就解释了日月星辰的旋转、潮汐涨落及各类力学现象；欧几里得只用几条公理、公设、定义，就解释了万千形状的组合。

世界很复杂，但也很简单。任何事情，只要你找到其背后的规律，看到其本质，总结出一套行之有效的方法论，并完全

熟练使用这套方法论，就能做到不出错且稳定发挥，从而成为高手。

你可能还是会有疑问，万事万物那么复杂，真的都有规律可循吗？我们不妨再看一件在人们的印象中称得上是"世界上最没有规律可循的事情"——"想创意"。

如何想出一个绝佳的广告创意？

肯定有人会说，把一群人放到会议室里头脑风暴，大家积极交流各自的奇思妙想，发散思维，彼此启发，会议结束就能得到好创意。也有人会说，创意这东西得靠灵感，所以就会有人想尽办法来刺激和诱导自己，期待灵光乍现的那一刻能有好的创意诞生。

但现实可能要让你失望了，创意的产生过程其实并没有创意，创意的"制造"都是有套路的。很多创意都是遵循规则的产物，并不是依靠漫无方向的发散思维或者灵感突然闪现而产生的。

顶尖营销学术期刊《营销科学》曾发表过一篇研究：大量的创意广告都遵循六大模板，巧妙地使用这六大模板，就能创造出"好创意"。在获奖的优秀广告创意中，89%的案例都来自于这六个创意模板，而在没有获奖的创意广告中，只有2.5%使用了这六个模板其中之一。

这六个模板分别是：形象化类比、极端情景、呈现后果、制造竞争、互动实验、改变维度。

创意，几乎就是规则的对立面；而创意产生这件看似最无法遵循规则的事，内在自有其规律。

如果你的人设是广告创意高手，学会熟练使用上面的六个创意模板，你就能把"广告创意高手"这个人设真正地树立起来。

看到这里，我们可以得出结论：高手，就是掌握了做事的关键方法论并熟练使用，每次都能稳定发挥且不出错的人。

所以，要成为高手其实也很简单，就是要有一套自己的关键方法论，并熟练使用它，这样就能确保每次都是高水准表现。

具体怎么做呢？我们来看下一节。

# 第二节　刻意练习成为高手

既然知道了高手是怎样的人, 也知道了高手的本质是其具有且精通关键方法论。那么, 如何经过刻意练习让自己成为高手呢?

## 刻意练习什么: 关键方法论

### 如何找到关键方法论

在练习之前, 我们首先要做的就是根据自己的人设找到关键方法论。

假如你是一个电视台的新闻记者, 那么你就必须要有一套方法论, 确保你能做出不错的新闻报道。这套方法论包括如何找新闻线索、如何采访、如何拍摄、如何快速做出新闻等。

当然, 因为我们实际的工作需要涉及很多环节, 你需要的很可能是一个方法论系统的组合。比如, 找新闻线索、采访、拍摄等都有各自的关键方法论。将这些模块上的关键方法论全部组合起来，就是你所需的关键的方法论体系。

假如，你的人设是一名优秀的足球前锋，你就必须掌握一套能进球的关键方法论，其中就包括了瞬间加速奔跑、带球过人、精准射门等，每个环节很可能都有一套方法论。

很多人肯定认为要做到这点很难，会担心自己做的事情涉及很多方面，太难找到适合自己的关键方法论了。而且，即使找到了，要想掌握和运用也很难。其实，大可不必害怕——你确定的人设，都是自己比较擅长和熟悉的事，肯定也有一套自己的理解，也已经有了自己的一些方法论，很可能只是没有形成系统，或者不够完整。

即使你不太清楚事情具体该如何操作，也可以去网上查资料，通过分析类似案例、通用性强的经典方法论，甚至参考与自己的人设分属不同领域的成功者的案例等，都能让你找到或者总结出答案。

当然，我最推荐的方法，就是直接去咨询和你相同或者有相似人设的高手。你去向他们请教，花再多的金钱、时间和精力都值得。让他们告诉你整套的关键方法论，或者你先整理出自己缺失或者不太熟悉的部分，有针对性地询问与补充，就能得到一套完整的方法论体系。

在这里，我要提醒大家，很多高手都是很乐意分享自己的心得的。只要你表现出你的热爱，带着精确的问题真诚地去请教，你基本都能取到真经。当然，如果第一个高手没有告诉你，不妨再找另外的高手。或者，也可以针对不同的薄弱环节，去找不同的高手请教。

"世上无难事，只怕有心人。"只要你发自内心地想得到这套关键方法论，你一定能得到的。

其实，关于找到关键方法论这件事，最大的难点不是找不到，而是你不愿意花时间去做。你并没有抽出专门的时间坐下来，去深入分析自己的方法论，去思考自己需要掌握的技能体系。因为找到这套方法，从整体到部分，再到每个细节，都需要去总结、分析——这是一个系统工程，是一项看上去很花时间也很费心力的工作。

但事实上并没有那么难，只要开了头，你就能做完这项工作。

## 自我检测，找到刻意练习的关键点

当我们基于自己的人设找到了关键方法论后，接下来，你就要针对这些技能进行自我检测。我们的目的是，通过自我检测找到问题，这样才能查漏补缺，针对性地刻意练习，让自己快速成为高手。

我相信，对这套方法论你肯定是有一定程度的掌握与应用的，只是没有那么精通。要么是方法不太成体系，要么是某个环节的技能比较弱。自我检测，就是看看自己对哪些方法论还不熟悉，哪些对应的技能还不够精通。记住，这个过程一定要客观。

假设你的人设是一名优秀的平面海报设计师。你已经找到了一套能快速做出高水准海报的方法论，但是，其中有一项对颜色使用非常娴熟的技能，恰好你不太擅长，那么，对于颜色的搭配使用，就是你要刻意训练的关键部分。

那我们具体怎么进行自我检测呢？

一种方法是自我评估。就是针对自己的每项技能，一项一项地进行评估。标准是什么呢？我的建议是，你可以以一个高手作为榜样。假如你的人设是一个优秀的足球前锋，那么，你就拿顶级足球前锋作为标准，根据他们的水准来进行评估。在评估的时候，尤其要把事实结果作为核心的评估依据，因为事实大于一切。当你发现你每次都过人困难，容易让人抢断时，那么，这个技能就是你没有掌握好的。

另外，我还要特别提醒一点，每个人都会习惯性地自我美化，这是人很常见的一种心理反应。所以，你在自我评估的过程中一定要时刻提醒自己：保持理性，保持客观。

另一种方法是他人评估。就是根据别人的反馈来对自己的技能进行评估，这样能合理地规避自我美化问题。你可以找一名高手，或是对你有了解的曾经合作过的人，来对自己进行评估。假如你的人设是一名心理咨询师，那么你就可以找一个厉害的心理咨询师，或者你曾经的老师，让对方给你反馈，给你评估。你也可以询问你服务过的客户，可以多问几个人，得到更全面的反馈。

当然，你也完全可以把这两种方法结合使用，这样评定的结果会更加准确。总之，目的就是一定要找到自己真正的弱点。

最后，还需要说明一下。刻意练习与自我检测是一个持续且动态的过程。当我们经过一段时间的针对缺陷的训练后，再按照上面的方法进行自我检测。如果还有缺陷，那就继续练习。如此循环往复，不断完善。

而且，在实践中，你要真的能够持续做到不出错，每次都能高水准地稳定发挥。如果你做到了，那么恭喜你，你已经成为了专业高手。

## 如何刻意练习：目标、突破、反馈

美国著名心理学家安德斯·艾利克森在专业特长科学领域潜心研究了几十年。他发现，很多领域的专家级人物，比如国际象棋大师、顶尖小提琴家、运动明星、记忆高手、杰出医生等，都是在用同样的方法让自己成为顶级高手的。艾利克森对这套方法进行了总结，并将之命名为刻意练习，并写成了《刻意练习》这本畅销书。

那么，如何做到刻意练习呢？

刻意练习，顾名思义，就是专门的练习，而不是随意地练练。

结合《刻意练习》这本书，也为了方便大家操作，我总结了刻意练习的三个关键要点：目标、突破、反馈。

在具体的操作上，刻意练习就是：确定练习之后要达到的目标，在练习的过程中不断突破自己的能力边界，并邀请导师或教练对你练习的表现给予反馈，一步步精进，最终达成目标。

我们具体来看这三个关键点。

**有目标的练习**：就是要有明确的练习目标，明白练习最终要达到什么样的结果，这样你才能清楚地知道自己最终要到达哪里，以及要做到哪种程度。制订明确的目标，能有效地指导你的练习，你也能一步步拆解自己的练习步骤，让练习可以顺畅落地，并最终实现目标。

刻意练习与普通练习的最大区别，就是——"我是专门做这件事情的，而不是随便玩玩"。比如，你在练习投篮，相较于漫无目的打打篮球，制订"三分球定点投篮，10 个球能进至少 5 个，而且连续两组"这样的目标，你的练习效果一定会好很多。

如此，你就能明白，为什么同样都是打篮球，有些人一直停在某个水平，始终没有进步，而有些人却能一天天地进步，并成长为"灌篮高手"。其中最大的差异就在于——有没有给自己制订明确的目标。

刻意练习的人，这次打球时会给自己定下"今天我要学会三步上篮，而且每次都能进球"的目标；而下次去打球时，他就会给自己定下"今天我要学会连续过人三步上篮，而且不能失败"的目标。久而久之，自然就成了高手。虽然他们可能没有意识到自己是在刻意练习，但实际上已经在这样做了。

而抱着随便玩玩态度的打球者，每次去打球都是浑浑噩噩、毫无目的，遇到什么球就打什么球，球技自然不会得到提高了。

另外，练习如果没有目标，也根本没有办法判断练习是不是有效。如果没有达到目标，你就会想到底是在哪些环节出了问题，下次练习的时候，你就会针对性地练习与提高，问题也因此一个个得到解决，最终就能达成自己的目标。

**突破能力边界：**如果你数学考试想考100分，那么你练习一万遍"1+1=2"也是没有意义的。因为，如果你不尝试解决"10+12=？"的问题，你的数学水平就可能永远停留在"1+1=2"的水平，而不会提高。

很多朋友可能都知道，突破舒适区是提升自我的一种绝佳方式。刻意练习也是一样，本质上也是一个提升自我的过程。因为要想练习有效果，就必须突破自己的能力边界——这个能力边界就等同于舒适区。

那么，我们该如何突破舒适区，如何突破能力边界呢？

**第一个要点是，**突破能力边界时要掌握分寸，不要超出自己的能力范围。其实，在舒适区和恐惧区之间，还存在一个挑战区——即自己踮脚够一够，最终能够得上的区域。

一个考上清华大学的学生讲自己的做题方法时，很强调"突破能力边界"在做题中的应用。他说，平时他会挑一些比自己的能力水平高一点儿的题目来做，但只是高一点儿，不会高太多。因为难一点儿的话，他可以想办法把这道题做出来；难太多的话，他怎么努力都做不出来，也就失去做题的意义了。

**第二个要点是，**突破能力边界之后，扩大自己的边界。这个学生在挑战了更高难度的题目后，他会用类似的题目进行练习，直到完全熟练。这其实是一个不断加固知识根基的过程——我们学习新的知识后要进行巩固，通过巩固把新的知识点融会贯通。

**第三个要点是，**进一步寻找挑战区，通过努力后把新的挑战区转化为舒适区。不断重复这个步骤，不断挑战，一步步拓宽自己的能力边界。最终，你的能力就会实现阶梯式上升。

任何的练习和成长都是循序渐进的，就好比罗马不是一天建成的。所以，成长都有一个过程。

因此，在刻意练习的过程中，你就需要把最终目标拆解成一个个小目标，一步步突破能力边界，最终变成高手。

比如，你希望变成篮球"三分王"，达到10投8中，而你最开始的水平只有10投3中，那么你的小目标就是：先10投4中，再5中，这样一步步提高。如果你一开始就要求自己变成10投8中，就有点异想天开了。

另外，在这样一步步提高的刻意练习中，你也会因为自己取得的成绩而对实现最终的目标越来越有信心，练习起来也会越有劲儿，当然更容易达成最终的练习目标。

**练习过程中要有反馈**：大家都知道，C罗、梅西都是世界最顶级的足球运动员了，可是他们也有自己的教练。

你是不是很奇怪，这些顶级的球星都那么厉害了，完全不需要教练了啊。他们的教练很可能踢球并没有他们厉害，怎么教他们呢？

其实，对于顶级球员的教练来说，其核心作用并不是要教球员具体的技能，而是要做好反馈者的角色。

"当局者迷，旁观者清"，教练要在球员刻意练习的过程中及时对球员的练习给出反馈，要能及时看到球员的练习是不是合理，是否有错误，是否有漏洞。他们要与球员一起沟通、分析，找到球员的问题，找到提升的方法。在这样的过程中，球员才能一步步提高。

比如，学习过画画、唱歌或者其他技能的朋友，你一定有这样的经历。老师教了你练习的方法，你回去练习，再回来把作品交给老师，老师就会根据你的作品，或者你练习时的表现，给你指出哪里做得好，哪里做得不好，不好的地方应该怎么改进……只有这样，你才能得到真正的提高。

当然，如果能找到这个行业的顶级高手来作为你的教练，那是最好的。如果找不到顶级高手，那么也有其他办法，你可以把你的领导、同事、客户、粉丝等当作你的导师。只是你需要注意，这些人中有些人是因为在专业上比你水平更高，所以能直接给出反馈，这种就类似于行业高手给你反馈；另一种是其现实的反应就是反馈。例如，你是一个短视频博主，你的用户、你的粉丝给你的反应以及视频受欢迎的程度，都是给你的反馈。

当然，也别忘了，你自己也是一个好的反馈者。你可以自己对自己的练习进行分析，从而给出客观的反馈，指导自己更好地练习。

通过对刻意练习的三个要点的分析，你会发现，刻意练习就是要进入"突破→练习→反馈→改进→练习"这样的循环中，一步步挑战，一步步提升，这样才能不断精进，并最终成为高手。

# 第三节　成长型思维与自我迭代

熟悉产品开发的人都知道一个词，就是产品迭代。具体而言，就是在产品开发的过程中，我们要不断升级产品，保证产品的持续竞争力。而把自己打造成爆款，也需要不断地自我迭代，实现人生的跃迁。

苹果手机从最开始的一代产品到了现在的iphone11，已经迭代了10代。自然，iphone11和第一代iphone也已经有了天壤之别，不管是从哪个方面相比，都已有了巨大的提升。

然而，直接从iphone一代变成如今的iphone11几乎是不可能的，但一代代的迭代，就实现了如此大的改变。

同理，一步步地自我迭代，无疑是不断优化自我，让自己成长的好方法。那具体怎么去做呢？

我们需要做到两点，一是在思想上保持成长型思维；二是在行动上要科学地去行事。

# 如何真正保持成长型思维

麦琪是一名大一新生，她一直梦想成为一名作家。不过，她的这个梦想周围的人谁都不知道，她只是默默地藏在心里。她不与任何人分享自己的作品，她怕别人说她天生不适合当作家。

在听完一个讲座后，麦琪的想法改变了，她去参加了一个写作班，开启了自己的写作梦想之旅。

是什么样的讲座能有如此强大的威力呢？讲座的主讲人是美国斯坦福大学心理学教授卡罗尔·德韦克，她也是美国人格心理学、社会心理学和发展心理学领域内公认的杰出学者之一。

这个讲座是关于思维模式的，每年，新生入学之际，她都会开这个讲座。

听过这个讲座的很多学生像麦琪一样，由此养成了成长型思维，并受益匪浅。后来，学生们要求德韦克教授把讲座的内容写成一本书。这本书就是《终身成长》，出版后畅销全球。

## 什么是成长型思维

卡罗尔·德韦克在《终身成长》一书中率先提出，人的思维方式分为两种，一种是成长型思维，一种是固定型思维。

成长型思维的精髓，就是认为"人的能力、智力等是变化的，可以拓展的"。上面讲的麦琪的故事，就说明了这一点，当她转变为用成长型思维模式思考时，她就不再害怕当下的不足，不再回避他人的评判，而是相信通过自己的努力可以一点点地实现梦想。

卡罗尔·德韦克教授认为，一个拥有成长型思维的人，将乐于接受挑战，并积极地去扩展自己的能力。这是一个人成长的一种非常重要的底层能力。

毫无疑问，拥有成长型思维模式的人，能取得更高的成就。

相反，固定型思维的人认为，人的智力、能力都是固定不变的，而对于自己的人生，他们也是各种自我设限，不去接受挑战，不去突破自己。有固定型思维的人总是处于消极被动、固步自封的状态中，这样的人生确实可能很安稳，也可能很平庸，甚至是死气沉沉。

## 成长型思维能给你的人生带来什么

别小看成长型思维和固定型思维这两种思维模式，其实，这两种不同的思维模式背后，对应着不同的人生态度，它甚至能从根本上指导我们的一生。

在此，我给大家分享一个卡罗尔·德韦克在香港大学做的一个测试，让大家更清晰地了解成长型思维模式的优势。

香港大学是一所国际化高校，教授都是全英文授课。很多新生刚开始上课有些不适应。卡罗尔·德韦克就借此机会做了一个测验项目。她先了解了学生们是哪种思维模式，然后告诉大家：现在，为了帮助大家更好地适应全英文授课，自己开设了一个英语提高课程，每个人都可以报名参加。

结果，拥有成长型思维模式的学生无一例外，都愿意参加提高课程。与之相反，拥有固定型思维模式的学生，都不愿参加课程。

通过这个案例，我们可以看出，仅仅因为思维模式的不同，大家面对同一件事就会做出不同的选择。

对于不同思维模式的同学而言，哪一类同学的成绩会越来越好呢？答案是显而易见的。因此，这两种思维模式可能导致了两种完全不同的人生。

人的成长都是一点点突破的，当你拥有了成长型思维，在人生的每件事上，在面对每次选择时，往往都会选择去突破、去成长，而不是固步自封，停滞不前。这样一点点的量变，一定会在某一刻迎来质变——这就是自我迭代的过程。

## 如何养成成长型思维

固定型思维模式的人，会认为人的智慧、能力是固定不变的。

他们遇到挑战、遇到阻碍，如果自己的智力、能力不够，他们就会逃避、放弃。

他们不相信努力会有好的结果，对别人有建设性的负面评价，也通常选择忽略。

所以，他们的人生是停滞不前的，也并不会主动提升自己，改变环境，去让自己进步和成长。

成长型思维模式的人，则恰恰相反，他们认为人的思维、能力等一切都是可以改变的，他们总是习惯去学习，去提高。

他们遇到困难、阻碍，都会积极想办法解决。他们经常突破自己的舒适区，冲破自己的能力边界，从别人的反馈中吸取有价值的信息，指导自己的行为，从而去提高，去进步。

所以，他们的人生是不断向前的。

根据表现心理学原则，行动是能影响人的思想和情绪的。当你一直保持微笑时，你就真的会高兴起来。而当你开始用成长型思维展开行动时，你也能很快养成成长型思维。

自我迭代的过程，就是人生成长的过程，要真的做到，请把自己的思想先调整到成长模式。

## 自我迭代：从一个头部到更大的头部

具备了成长型思维，接下来，你就需要在自我迭代的过程中将想法落实到行动上，即我们要放大"头部效应"——从一个头部跳到更大的头部——实现自我跃迁。

在古典的《跃迁》这本书里，提到了一个概念：头部效应。

什么是头部效应呢？前文中我们已经提到过——人们往往只记得第一名，而记不住第二名。就如同很多人都知道世界第一高峰珠穆朗玛峰，却不知道世界第二高峰乔戈里峰。

我们来具体看看头部效应到底有什么特点。

**第一，头部的收益更高。**

商业数据显示，在一个系统里，头部品牌吸引的注意力大概占40%，第二名占20%，第三名占7%-10%，其余的共享剩余的30%-33%。可见，头部品牌会带来更多的关注，这都会提高你的溢价，带给你更高的收益。

**第二，头部加速度更快。**

一旦你成为某个系统的头部，微小的优势就会给你带来更多的机会。这又让你可以投入更多资源，继续扩大优势，你也就能获得最高的增长率。

当高收益和高加速两者相互强化，就会迸发出巨大的能量。就像当你唱卡拉OK时，话筒不小心靠近音箱，再微小的声音也会放大到吓你一跳。

因此，在自我迭代的过程中，你最应该做的，就是利用好头部效应。

这个过程，"口红一哥"李佳琦可谓做了完美的演绎。从2018年至今，一说到"最有人气的网络主播"，一定有很多人会说是李佳琦。2018年9月，李佳琦成功挑战"30秒给最多人涂口红"的吉尼斯世界纪录，成为涂口红最快的世界纪录保持者。自此，他被称为"口红一哥"。2018年"双十一狂欢节"，他与马云比赛卖口红，最终战胜了马云。

不管是在让李佳琦爆红的抖音上，还是他最先耕耘的淘宝直播上，他都是首先成为口红这个领域的头部主播。由于有了很大的影响力，李佳琦拥有了全网数千万的粉丝。随后，他开始把自己的内容和带货的产品扩大到各类美妆产品。

基于自己的人设，先把自己打造成一个小头部，再利用头部优势跃迁到更大的头部——这就是科学的自我迭代过程。

## 本章小结

### 高手到底是什么样的人

1.高手的表现：稳定发挥，绝不出错。高手有两个关键要点，第一是稳定，第二是高水平。即能一直稳定高水平发挥的人就是高手。

2.高手的本质：完全精通关键方法。高手能成为高手的根源，在于他们都有自己的关键方法论，而且能做到完全精通，这样可以保证他们始终能做到高水平地稳定发挥。

## 刻意练习成为高手

1.刻意练习什么：关键方法论。要想成为高手，就需要练习好能保证你稳定高水平发挥的关键方法论。你首先需要找到关键方法论，并进行针对性的训练。

2.如何刻意练习：目标、突破、反馈。刻意练习，需要我们有具体的可衡量的目标，不断突破自己的能力边界，并有导师或教练对你的练习给予反馈，保证练习的有效性，最终达成目标。

## 成长型思维自我迭代

心态上，我们要保持成长型思维，相信人的能力、智力等是变化的，可以拓展的；在行动上，我们要先把自己打造成一个小头部，再利用头部优势跃迁到更大的头部。

# 放大篇

## 引爆个人 IP

Step 4

# 传 播

以小搏大，讲好你的专属故事

**营销学解释**：在进行自我营销时，我们需要考虑如何把"自己"这款产品传播出去，推成爆品。讲故事，就是一种非常好的传播方式，因为故事能以小搏大，说服力强，传播力也很久远。

故事，是人类最古老的表达工具，芸芸众生无时无刻不在各个角落上演着各色故事。互联网时代的传播更是以故事为王，尽管有文字、图片、视频等多种传播形式，有微信、微博、抖音等传播平台，故事依然能畅通无阻，拥有无敌的传播力。

在这一章，我们就来具体看看，拥有超强传播力的故事究竟在传播中扮演着怎样的角色。在进行自我营销时，我们该如何充分发挥故事的效用。

# 第一节　为什么故事思维很重要

　　故事思维，是一种与人沟通的方法，即通过讲故事的方式把自己的观点或主张传达给对方。同时，用故事的元素把事实包装起来，把个人的情感融进去，让对方产生代入感。

　　有时候，讲一万个道理，也不如讲一个故事。所以，故事思维的对立面是讲道理。而对于自我营销来说，故事思维更是非常重要。相较于讲道理，讲故事有三大核心优势。

## 故事更有传播力

　　年轻的大卫去外地出差，晚上九点的飞机落地后，他闲来无事，就去附近的酒吧坐了坐。一个打扮精致的美女坐到了他的旁边，两人相谈甚欢。这位美女给他买了一杯酒，他一杯酒下肚，便什么都不记得了。第二天早上，大卫醒来，发现自己身处一个白色的浴缸里，浴缸里堆满了冰块。大卫感觉到自己的腹部隐隐作痛，他朝腹部往下看去，发现浴缸里满是血，自己的一个肾没有了！大卫想起昨晚那个女人诡异的微笑，又吓得晕了过去……

类似这样毛骨悚然的"偷肾故事"，我相信很多人都听过，一个陌生的女人，请你喝杯酒，第二天醒来，你就少了一个肾或者其他身体器官！当然，故事所述事件的真实性有待考究，但它无疑非常有传播力，是最近几十年全球传播最广的一个都市传说。

与讲道理相比，为什么故事更有传播力呢？

讲道理，就是别人给你强加一个标准，让你听从，其实就是说教。然而，每个人都有自我主观意识，人从骨子里都希望自己主宰自己的命运，都希望按照自己的意志行事，所以往往不喜欢被人说教。你回想一下，老师提着耳朵让你上课认真听讲，你真的能听得进去这句话吗？多数情况下，你是反感的，因为你不喜欢被人说教。

如果将偷肾故事换成讲道理，就成了：在酒吧，千万不要喝陌生人的酒，否则后果会不堪设想。

这样的说教，肯定没有如此强大的传播力。肯定会有人反驳，有什么不能喝的，我就喝过陌生人的酒啊，也没事啊。

但是，讲故事，就是把"不要在酒吧喝陌生人的酒"这个道理，通过故事传递出来，让大家在听故事的过程中，不知不觉产生情绪和情感变化，从情感上先认可，进而引发自我思考和行动上的改变。

所以，故事思维重要，首先就是因为，故事更有传播力。人从骨子里就需要听故事，不喜欢被说教，情感共鸣比单纯说教更具感染力。

## 故事更有说服力

"听过很多大道理，依然过不好这一生！"这是一句网络流行语。但从这句话来看，之所以会发生这样的事情，是因为道理没有足够的说服力。

虽然你听过许多道理，但是你并没有真正理解，或者说这些道理并没有真正触动你的内心，所以往往也不可能真正落实到你的行动中。没有具体行动，自然也就过不好这一生了。

而故事就不一样了，故事是把道理渗透到情节中，让人在听或看故事的过程中感同身受，引发情感共鸣。故事的说服力比讲道理强太多了。就像美国前总统奥巴马曾经说过的那样，美国总统的一个主要职责，就是持续地给美国民众"讲故事"。

《一千零一夜》这部流传千古的经典背后也有一个动人的故事。从前，有位国王，因为王后变心，就决定报复所有的女人。他每天娶一个新娘，然后第二天就把新娘杀掉。

有位大臣的女儿名叫山鲁佐德，为了解救天下无辜的女人，就自告奋勇嫁给了国王。她每天给国王讲一个故事，每天晚上讲到最精彩的时候，正好天亮了。国王为了继续听故事，就没有杀她，让她第二天晚上接着讲故事。就这样，她一直讲了一千零一夜。国王渐渐被故事中人性的光辉所感动并悔悟，最终爱上了山鲁佐德，并与她白头偕老。

如果山鲁佐德没有选择讲故事，而是选择对国王讲道理，让国王不能为了报复王后、发泄私愤而杀害无辜女子。国王是不可能听她的。但是，山鲁佐德选择了讲故事，用动人的故事一点点地改变了国王的行为，软化了那颗冷酷的心，这足以说明好故事所具有的强大说服力了。

世间的很多大道理，往往冷硬直白，让人"消化不良"。而故事则像是坐着南瓜马车的灰姑娘，可爱又迷人。所以，自古至今，讲故事比讲道理更能感染并打动人心。

## 故事更有黏着力

我们耳熟能详的《伊索寓言》《一千零一夜》等文学经典，能流传千百年，足以看出故事的威力，它能轻松让人记住并让人们主动去传播。的确，故事就是有这样一种魔力——就像一种很有黏性的东西，能死死地"黏"在人的记忆里。

大家都还记得小学语文课本学过的《刻舟求剑》《孔融让梨》等故事，但是，一些散文类的、政论类的文章可能已经消失在你的记忆里了。

知道这是为什么吗？因为有些东西是能够天然被大家记住的——前文提过具备简约、具体、意外、可信、情感、故事六大特点的事物，更容易让人记住。

当然，并不是所有能让人记住的东西都必须同时具备这六个特点，而是具备得越多，能被人记住的能力即"黏性"就越强。

故事，也包含在能被大家记住的事物特点之内。其实，所有的故事，基本都符合前五个特点。

我们就拿"孔融让梨"的故事来看。

简单：用简单的情节，表达了"人应该谦让"这个唯一的主题。

具体：讲得是一件具体的事情，并不是在空洞地讲道理。

意外：小孔融那么小，居然懂得把大的梨子让给哥哥，出乎意料。

可信：故事中有很多细节，也的确是真实发生的事，很容易让人信服。

　　情感：故事中的小孔融很懂事，很能打动人。

　　所以，相较于空洞的道理，故事完全符合能让人记住的五个特点，有强大的"黏性"，有很强的让人记住的能力。

　　看到这里，你已经明白，故事对传播效果助益良多。所以，我们进行自我营销时，也要刻意训练自己的故事思维。

　　关于如何训练自己的故事思维，我给大家提供一个最简单的方法：凡是遇到要讲道理的时刻，请试着换成讲故事。多讲故事，少讲道理，这样你的故事思维就会慢慢形成。

# 第二节　万能好故事公式

关于如何讲好故事有很多实用的观点和方法，本书则从设计个人故事，自我营销的传播角度，总结了一个"好故事公式"，并结合具体的案例来进行讲述，让你能照着这个公式去套用，轻轻松松地讲出好故事。

## 好故事公式：不合常规＋曲折细节＋激发情绪

什么样的故事才是一个好故事？

**我的答案是：能让人愿意聊的故事。**

让人愿意聊，则代表这个故事能引发自传播。自传播，才能影响到更多人。

那什么样的故事，能让人愿意聊呢？

我给大家一个好故事公式（见图4.1）：

**好故事＝不合常规＋曲折细节＋激发情绪**

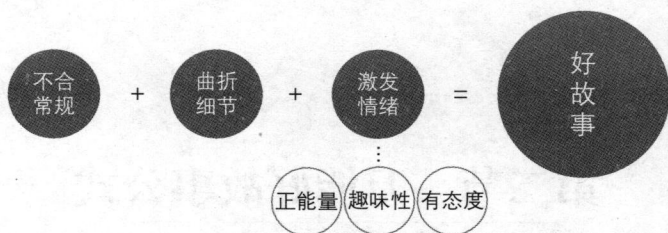

图4.1　好故事的公式

## 不合常规是故事的骨架

脑科学的研究表明，当一个不合常规的事情，也就是意外的事情发生时，人的大脑反应更强烈。比如，你晚上走夜路，突然旁边蹿出一个人大叫了一声，你肯定要吓个半死。

故事要吸引人，首先就要不合常规，引起人的注意。

编剧都把转折视为生命。情节朝着你越想不到的地方发展，影片就越精彩、越刺激。例如，影视剧里的主人公，在刀被人架在脖子上，或被人用枪指着，命悬一线之际，总是有人突然出来救其一命——这就是转折，观众看着很过瘾。

不合常规，是整个故事情节的"骨架"，整个故事，必须是不合常理的事。

经典灰姑娘的故事，其逻辑框架是：一个白马王子爱上了穷困不堪的普通女孩，最终两人在一起过上了幸福的生活。这也是一件不太合常理的事情，毕竟，在大众的认知中，白马王子本应该选择与门当户对的千金小姐在一起。

## 曲折细节是故事的"身体"

一个故事，有了"骨架"后，还得填充进去曲折的情节，才能饱满，才会吸引人。

还是用"灰姑娘"的故事来分析。有了"骨架"后，再填充细节。那么，整个故事就变成了下面的样子：

从前，有一位长得很漂亮的女孩，她有一位恶毒的继母与两位心地不好的姐姐。她经常受到继母与两位姐姐的欺负，被她们逼着去做粗重的工作，经常弄得全身满是灰尘，因此被戏称为"灰姑娘"。有一天，城里的王子举行舞会，邀请全城的女孩出席，但继母与两位姐姐却不让灰姑娘出席，还要她做很多工作，她很失望、很伤心。这时，有一位仙女出现了，帮助她摇身一变成为高贵的千金小姐，并将老鼠变成马夫，南瓜变成马车，又变出一套漂亮的衣服和一双水晶鞋给灰姑娘穿上。灰姑娘很开心，赶快前往皇宫参加舞会。

仙女在她出发前提醒她，不可逗留至午夜12点，因为12点以后魔法会自动解除。灰姑娘答应了，她出席了舞会，王子一看到她便被她迷住了，立即邀她共舞。欢乐的时光过得很快，眼看就要午夜12时了，灰姑娘不得已要马上离开，在仓皇间留下了一只水晶鞋。王子很伤心，于是派大臣至全国探访，找出能穿上这只水晶鞋的女孩，尽管有后母及姐姐的阻碍，大臣仍成功地找到了灰姑娘。王子很开心，便向灰姑娘求婚，灰姑娘也答应了，两人从此过上了幸福快乐的生活。

当然，在填充细节时，还可以在故事的具体情节上，设计更多曲折精彩的细节和更多出乎意料的转折，这样故事才会更精彩，更好看。

例如，灰姑娘的故事中就设计了好几个转折：

第一个，灰姑娘想要参加王子举办的舞会，继母和两位姐姐不让她出席，但关键时刻，一位仙女出现，让灰姑娘摇身一变，成了高贵的千金小姐。

第二个，在舞会上，王子爱上了灰姑娘，但灰姑娘必须在午夜12时前离开，以为两人缘分已尽。但因为灰姑娘逃走时留下了水晶鞋，最终，王子找到了她。

当然，细节还有一个重要的作用，就是当大家讲述这个故事时，有具体的内容可说，能把这个故事讲得绘声绘色，也能让听故事的人情绪上跌宕起伏，更加刺激，也更过瘾。而不是讲了一句

"这是一个王子爱上灰姑娘的故事"，后面就不知道说什么了。

## 激发情绪是故事的目的

美国宾夕法尼亚大学沃顿商学院教授约拿·伯杰研究了《纽约时报》连续3个月内刊登的文章。他发现，"唤醒"促使了人们的分享行为。无论是由于情绪激发，或是其他原因，当人们在心理上被唤醒时，自律神经就被激活，从而促进社交性传播行为。

简言之，特定情绪是否能被唤醒，可以决定一条信息能否被传播。

约拿·伯杰基于这项研究，在美国心理学学会期刊《心理科学》上发表了一篇文章：情绪类文章的转发率最高，而且"高度情绪唤起"内容的转发量要高于"低度情绪唤起"的内容。"高度情绪唤起"包括开心、感动、敬畏、焦虑、愤怒等，"低度情绪唤起"指的是满足、悲伤等更为低调的情绪反应。

所以，如果故事唤醒了人的某种强烈的情绪，则能赢得很高的转发，能够引发自传播，让人愿意聊起来。既然激发情绪是故事要达到的目的，那我们讲故事，就是要激发大家的情绪，尤其是要达到"高度情绪唤起"的效果，引发人们快乐、愤怒、悲伤、感动、恐惧等情绪。

我们还是来看灰姑娘的故事，这个故事让很多女生都有代入感，希望自己也能遇到自己的白马王子。所以，曾经风靡亚洲的韩剧，其情节上大多是这样的模式——灰姑娘式的女主角，总是被"高富帅"男主角爱得死去活来。

## 正能量有态度，这两种故事更易传播

恰恰是情绪，决定了故事能否被自发地传播。那么，到底怎么讲故事，才最容易激发情绪，最容易形成大范围传播呢？

我推荐这两种故事方向：正能量、有态度。

### 正能量：激发正向情绪的故事总能被广而传之

沃顿商学院教授约拿·伯杰在研究中还发现了一个有趣的现象：激发正面情绪的文章一般都会被广而传之。而激发负面情绪的文章，如果引发了人们的悲伤情绪，传播率则会降低。

是的，一般人都愿意传播正能量，媒体也愿意报道正能量的故事，积极向上的东西往往能激发人的传播欲。

在纸媒当道的时代，"鸡汤故事"的泰斗级杂志——美国版《读者文摘》（*Reader's Digest*），是当今世界上最畅销的杂志之一——它拥有48个版本，涉及19种语言，并畅销于世界60多个国家。同样，中国的《读者》杂志，月发行量则突破1000万册，居中国第一，世界综合类期刊第三。

现如今的社交媒体时代，正能量的内容、鸡汤文一直都是宠儿，不管是微博，还是微信公众号，此类内容的自媒体粉丝体量都很大。而对于个人，在我们的朋友圈里，从来都不缺乏正能量的热文被广泛传播。一方面，是大家的情绪被正能量的故事所激发；另一方面，把正能量的故事分享出来，可以表明自己的身份，让大家感觉到，我就是一个具有正能量的人（毕竟，满身负能量的人没有那么讨人喜欢）。

## 有态度：只取悦喜欢自己的人就好

每个人都是有个性的。"萝卜白菜，各有所爱"，所以不必做到人人都喜欢，我们也无法做到人人都喜欢。

我们自己的故事，也无法做到人人都喜欢听，人人都感兴趣。你的故事，要表达出你独有的观点和坚持，要表现出自己的态度。当你的这份态度打动了能打动的人，就会得到他们发自内心的认可，激发他们主动分享传播。

# 第三节　讲好你的专属故事

做营销的人经常说，一个好故事能成就一个好品牌！

我也想说，一个好故事，可以成就一个人。

我们已经了解了故事思维，也知道了好故事的公式。那么，具体该如何讲好自己的故事呢？

讲好自己的故事，得做好三件事：是什么、记住什么、怎么讲。

## 你的故事是什么

在安妮特·西蒙斯所著的《故事思维》一书中，作者专门讲了如何利用故事思维成为有影响力的人。

书中指出，要提升个人影响力，需要会讲六种类型的故事。这六种故事，就是我们在进行自我营销时所要讲的自己的故事。我建议，关于一个人的故事，最好围绕一个核心来讲好一个故事，这样便于大家记忆与传播。你可以从这六种故事类型中选择一个，也可以以一种类型为主，其他的几种作为素材、辅助或者子故事。

　　我先给大家讲一个真实的故事，这是一个"贵州山里娃北漂逆袭，做公众号三年买房"的故事：

　　　　李宇明，来自贵州大山区，普通二本大学毕业后，他怀揣着内容创作梦来到了北京。他希望能通过自己的努力在北京生存下来，改变自己的命运，也给自己家乡的很多孩子树立一个榜样。

　　　　刚到北京，没有任何背景的他，第一份工作是做一个公众号的编辑，工资也不高。那时，他只能住在北京的郊区，每天上下班通勤要四个小时。

　　　　李宇明很珍惜这份来之不易的工作，他非常努力，大家不愿意写的，难写的文章，他都抢着写。主编看他如此努力，也很用心地去教他。

　　　　也许是李宇明有天赋，也许是因为他的努力，李宇明的内容创作能力突飞猛进。他不仅选题能力强，而且不管什么选题都能写得很好，还写得很快。一个小时之内，他能写作2000多字，而且写出来的文章基本不用怎么修改，发表后的阅读量超10万＋也是家常便饭。

　　　　李宇明刚来上班时，他所在的公众号已做了大半年，但都没有什么起色，结果，他来之后，"爆文"频出，粉丝猛涨。当然，李宇明的工资也不断升高。

在业余时间，李宇明自己做了一个公众号。有如此强的内容创作能力，他的公众号也是飞速地做了起来，广告不断，而且还要提前一个月预定。就这样，当自己与公司一年的合同到期后，他选择了从公司辞职，专心做起了自己的公众号。

专职做公众号的两年时间里，李宇明赚到了200多万。于是，他在来北京的第三年买了自己的房，只用了三年时间，他就完成了自己的人生逆袭。

这是李宇明的故事。接下来，我会从《故事思维》中列出的六种故事类型的角度，分别解析该如何讲述这个故事。

**第一种，告诉别人"我是谁"的故事：**

"我是谁"的故事，就是讲自己的经历，让大家认识你是谁。李宇明的原型故事就是这种类型，讲述了自己三年内成功"逆袭"的故事。

**第二种，说明"我为何而来"的故事：**

人天生具有警惕心，会怀疑别人做事的动机。当你讲你的故事时，能先讲清"你讲这个故事的目的"，再合情合理地讲出你的故事，这样效果会更好。

如果李宇明要回自己上学的高中，给自己的学弟学妹们讲自己的故事，他若讲"我为何而来"的故事，就可以这样讲：我是李宇明。八年前，我从这所中学毕业。今天，我再次回到这里，我希望用我的故事告诉各位，我们山里的孩子，也可以靠着自己的头脑和努力"逆天改命"。

接着，李宇明正常讲述自己的故事。

**第三种，能给人希望的故事：**

争强好胜是人的天性，因此，人人都渴望出人头地。在互联网上，为什么像李宇明这样的普通人"逆袭"的故事很容易被传播？因为它能给人希望。那么，能用自己的故事给人希望的故事，就是一种很好的故事类型。

李宇明的故事如果要给人希望，就可以把主题换成这样：出身不够优越不可怕，天资不够也不重要，只要你肯努力，好好磨炼属于自己的优势，在互联网时代，就有"逆袭"的可能。

**第四种，能带给人启发的故事：**

这类故事，就是能带给人思维启发的故事，很多哲理小故事就属于这种类型。

比如，有这样的一个故事：一个孩子觉得和邻居家的小朋友相比，自己很不幸福。因为自己家里很穷，连袜子都只有两双。但妈妈告诉他："孩子，你有两双袜子可以换着穿。如果你还有选择，就是幸福的。"

如果是李宇明的故事，那就可以把主题设计为这样：物质的贫穷并不可怕，可怕的是思维的贫穷。而故事内容，就可以着重讲述李宇明是如何根据自己的情况，不断突破自己的思维，选定自己的优势，精准把握住了自媒体创业的机会，从而实现了个人的"逆袭"。

**第五种，能传递价值观的故事：**

把你希望传递的价值观融入你的故事里，人们就会很轻松地接受并记住它。

阿里巴巴希望传递"人要以诚实为本，小商家做生意要守诚信"的价值观。

当然，如果直接说出这个理念，往往很难被记住。后来，马云讲了一个故事。

他说，有一次他路过公司的一个培训场地，讲师正在讲如何将木梳卖给和尚。正常人听到这里会认为，这个人销售能力真厉害。但他二话不说，直接让那个讲师下台。马云解释说：我们公司是把东西卖给那些有需要的人，不是骗人买东西。这个人就是个骗子！

通过这样一个小故事，马云就让人知道了诚信的重要性。

如果是要讲李宇明的故事，就可以把主题确定为："发挥自己的优势有多重要"。那么，整个故事情节，就可以按照这个主题进行设计。

**第六种，能引人共鸣的故事：**

这一类故事，就是要让人产生共鸣。要让对方觉得你很懂他，他们就会喜欢你的故事，从而喜欢你。只要提前做好功课，提前了解你要影响的人，按照她们的需要来设计你的故事，就能达到共鸣的效果。

李宇明的故事，如果要讲给大学刚毕业的"北漂青年"听，那么就可以设计为：自己在没有任何基础，没有任何外援的情况下，如何在青春的迷茫中，在生活的重压下找到自己的优势，一步步实现"逆袭"的故事。

因为，青春迷茫、生活重压、没有外援、没有基础、不知道怎么去突破自己的人生……都是刚毕业的"北漂青年"普遍面临的问题。

# 你的故事能让人记住什么

你的故事要实现好的传播效果，就需要让人记住其中的一点或几点，我们可以从如下两个方面着手。

## 一件没想到的事

"北大毕业生卖猪肉""北大研究生卖米粉""90后少女要开

1000 家性用品店""83 岁老太开微店卖手工布鞋""60 后夫妻卖掉北京房子环游世界"……对于这些标题，你是不是都有似曾相识的感觉？是的，你也可以为你的故事起一个有冲击力的标题。

标题是你故事的高度概括，不仅交代了故事讲的是一件什么事，还能让人记得住。有人肯定会说，这很难做到。

没关系，我告诉你一个好用的公式：

**有天然关注度的主人公 + 干了一件没想到的事情**

你按照这个公式去检测一下前文列出的标题，其实都是这样的结构。

还记得好故事公式中的第一条吗，就是：不合常规的骨架。其实，这个高度概括的标题，就是对故事骨架的表述，让人一下明白故事的核心情节，从而吸引人的关注，更能让人记住。

## 一个引发共鸣的金句

2014 年 12 月 13 日 21：26，漫画作者陈安妮发布了名为"对不起，我只过 1% 的生活"的漫画故事，并在微博上迅速发酵走红，随后很快扩散到微信朋友圈，短短一天竟然引发全网刷屏。截止到 12 月 15 日 20 点，该图在微博上已累计被转发了 43.69 万次，点赞 34.73 万次，评论 8.9 万次。而其带来的转化也惊人的高，陈安妮 12 月 14 日 15：07 发布微博称，这篇文章已经有超过

6000万的阅读量，有超过30万的用户下载了她创业开发的"快看漫画"应用，该应用也在App Store里冲到了免费榜榜首，随后的一周左右一直稳居第二名。

好多年过去了，你不一定记得当时这个漫画故事中的具体情节，但是你可能还记得"对不起，我只过1%的生活"这句话。

心理学研究表明，随着时间的流逝，人会忘记很多自己经历过的事情，但是不会忘记经历那件事时的感觉。而共鸣就是一种强烈的感觉，如果在你的故事中，有某一句话让人产生了强烈的共鸣，就会被人记忆很久。

小米创始人雷军也是讲故事的高手，他讲过很多的故事。我相信，很多故事你肯定忘记了，但是他讲过的"站在风口，猪都会飞"这一金句，你肯定还记得。这句话非常形象地表达出了——人顺势而为更容易成事，要勇敢站在风口，这就让听者产生了强烈的共鸣。

所以，在讲故事的时候，如果你要表达一个核心观点或某个独特的价值观，你一定要用一句金句表达出来，这个金句会很容易成为一个关键记忆点，让人对你的故事记忆很久。

## 你的故事怎么讲

你已经设计好了自己的故事，也确定了故事的关键记忆点。

那么，接下来你就应该考虑如何讲好自己的故事了。

## 你的故事形式：一篇文章、一条视频、一张图片

内容的形式多种多样，我们在确定好自己的故事后，可以把自己的故事做成图文版本和视频版本。

文章版本：你需要把自己的故事用文字表述出来，并配上合适的图，这样一篇图文并茂的文章就可以说明白你的故事。当然，别忘了起一个有冲击力的标题，也别忘了留下一些能让人共鸣的"金句"。

视频版本：你可以把你的故事，通过视频拍摄出来，用视频来讲述，这样会更有感染力。毕竟视频给人带来的冲击比图文要强很多。当然，如果你觉得视频制作比较麻烦，你不太擅长，那你也可以直接在镜头前讲出来，然后拍成视频。

图片版本：相较于读文字，很多人更喜欢读图，因为读图更轻松。所以，你也可以把你的故事用图片展现出来——用一张图讲出你的故事，也是一个很不错的方式。当然，如果可以的话，你也可以用插画或漫画的形式，把自己的故事讲得更有趣。

## 你的故事的传播渠道："自己的"和"有影响力的"渠道

故事创作出来后，就要把自己的故事传播出去。

如果你有自己的渠道或自媒体，甚至还有自己的自媒体矩阵。那么，很好，你直接发布就可以了。你的粉丝会成为你的种子传播用户，帮你在各大网络平台扩散影响力。就好比陈安妮，就是因为有自己庞大的粉丝群——最早的种子传播用户，才得以瞬间爆红。

如果你没有自己的自媒体平台，也没有关系，因为在下一章中，我会专门讲如何构建自己的平台矩阵。

不过，在你的矩阵还没有构建起来时，你可以在有影响力的平台上讲出你的故事。不要担心自己的故事不会被这些有影响力的渠道发布。因为，当你的故事在寻找出口时，他们也在寻找好故事。因为在互联网时代，好故事作为有巨大传播力的好内容，永远是被人需要的。

所以，你可以把你创作好的故事，即最终写出来的文章、做成的图片故事，或者拍摄出来的视频等，提供给有影响力的，也适合传播你故事的渠道。如果你是一个新媒体人，也可以把自己的故事提供给关注新媒体内容创作者的新榜，因为他们也需要这样的故事。

## 本章小结

### 为什么故事思维很重要

1.故事更有传播力，人天生喜欢听故事，而不喜欢被说教。

2.故事更有说服力，故事有代入感，能让人真正理解并接受要传递的道理。

3.故事更有黏着力，故事是天然能让人记住的，还能让人记忆很久。

### 万能好故事公式

**好故事＝不合常规＋曲折细节＋激发情绪**

一个好故事，首先得有有意思的故事骨架，再填充曲折的细节让人信服，最终达到激发人情绪的目的。而正能量的、有态度的故事最容易传播。

### 讲好你的专属故事

1.你的故事是什么？可以依照六种故事类型来构思：你是谁，你因何而在，你给人希望，你给人启发，你传递价值观，你引发共鸣。

2.你的故事让人记住什么？要让人记住，就必须保证你的故事中有一件没想到的事，或一个引发共鸣的"金句"。

3.你的故事怎么讲？可以试一试以一篇文章、一张图片、一条视频或者多种形式的组合呈现。

Step 5

# 连 接

产出内容，经营你的平台矩阵

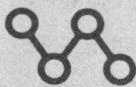

**营销学解释：** 当品牌有了定位，就会基于定位推出产品，并同步构建营销体系，对用户进行销售。同样，当你有了人设，你就需要通过产出符合人设的内容，构建平台矩阵，与用户形成良性互动，并不断强化自己的人设。

现在，我们判断一个人红不红，都会习惯性地用其在社交平台上的粉丝多少来衡量。原因很简单，你的粉丝越多，你能直接影响的人就越多。所以，粉丝越多，影响力就越大。

你要想成为爆款，一个最基本的要求或者评判标准，就是你要在社交平台上拥有尽可能多的粉丝。所以，你需要经营你的平台矩阵。如何经营呢？虽然涉及很多方面，但是最关键的一点，就是要产出好的内容。

如果你做公众号，你最重要的运营形式，就是你得发布文章；如果你要做抖音号，你需要发布视频。你的粉丝也都得通过文章和视频这样的内容产品与你产生最直接的沟通。

所以，要经营你的平台矩阵，就要基于我们在前一部分中确定的自己的人设，产出好的内容，在社交平台上吸引越来越多的粉丝。

在这一章，我们就来具体讲，我们该如何通过产出内容，经营好自己的平台矩阵，实现与粉丝的深度连接。

# 第一节　成为内容高手的必备技能

在《重来:更为简单有效的商业思维》这本书中有这么一段话:

> 如果你要从一堆人中决定出一个职位的合适人选，不妨雇那个写作最厉害的人。无论这个人是营销人员、推销员还是设计师、程序员，他们的写作技巧都会对此有益。

懂内容创作，几乎已经成了在互联网时代胜出的必备技能。一个主播一年的带货量可能比一个工厂的销量都多；一个微信公众号一年的广告费，可能比一家广告公司的收入都多。这都是内容在互联网时代所表现出的惊人威力。

所以，在看这一章的内容时，大家也可以换一个更高的视角——如何让自己成为内容高手，并以精湛的内容创作能力成为互联网时代的弄潮儿。

# 为什么内容那么重要

在弄懂内容的重要性之前，我们先界定一下什么是内容。

知名媒体人、大象公会创始人黄章吉认为：我们今天讲内容时，不是只讲图文信息这一种，我们这里讲的内容，不管它以何种形式呈现，本质上都是信息。只不过，它是被有意识地生产出来，是希望人们愿意花费时间或金钱获取的信息。

那么，内容为什么那么重要，为什么人愿意花时间或金钱获取信息呢？而且，在互联网时代，为什么越来越多的人强调内容最重要？内容越来越值钱呢？

## 人离不开内容，且永远不会满足

内容之所以重要，原因就是：人离不开内容，而且对内容的需求永远都不会满足。

为什么你总会忍不住拿起手机刷微博、看抖音或快手，一旦开始则一条接一条地看，甚至于根本停不下来？原因是你离不开内容。

从神经学的科学角度来看，人的一切行为都是在满足大脑的欲望和刺激。

人为了满足大脑的刺激，就会去做一些让自己感觉很爽的事情。例如，大多数女性喜欢逛街买东西，而男性喜欢打游戏；"吃货"喜欢吃各种美食，旅行达人喜欢去各处看风景，都是因为这些行为能让人脑产生强烈的愉悦感。一切让人产生愉悦感的事情，人都是乐意去做的，这是人的天性。

人的大脑会耗费我们20%以上的能量，天生就对信息刺激有巨大的渴求。所以，获得信息，消费内容，就是人去满足大脑对信息的渴求的方式，也是让大脑感到愉悦的一种方式。

另一方面，人的大脑永远在渴求更新鲜、更刺激的信息。你再饿，吃多了也会饱。但是，当你看内容、获得信息时，却不容易停下来，因为你的大脑永远不会满足。所以，人对内容的需要可以说永无止境。

## 互联网时代，内容最容易让人获得愉悦感

在互联网时代，内容朝着越来越不消耗人的精力，但又让人越来越刺激的方向发展。之前，我们看书、看文章时，都需要自己主动地、一个字一个字地往下看，要不要看下一句，完全是自己可以控制的行为，需要消耗自己的精力。

另外，你还需要把看到的文字转换为你在现实生活中能看到的画面来进行思考，这都需要消耗你的精力。所以，大家都更倾向于看图片，因为直接看到的是画面，因而少了一次文字转化为

视觉的过程，你看着更轻松。

如今，5G 视频时代来了，视频包含画面、声音、文字等全方位的刺激，而且不用有意识地控制自己要不要继续往下看。你完全可以什么都不做，被动接受就好。

所以，相较于其他能让人感觉到愉悦的方式，看内容已经是最容易获得的刺激最强烈的消费方式了。内容的需求会越来越大，这一趋势是势不可挡的。

## 内容实现了你与用户的情感连接

有一个有关钱锺书的轶事：有个英国的女读者很喜欢钱锺书的作品，于是要登门拜访他。钱锺书在电话里婉言谢绝了她，理由是：假如你吃了一个鸡蛋，觉得不错，何必要认识那个下蛋的鸡呢？

从这个故事中，我们会发现，人们对内容的生产者是会产生情感连接的，这是人的天性。

很多人都有过听夜间广播电台的经历。你会发现，几乎所有的城市广播电台都有一档深夜谈心或者电话热线类节目，而且都非常火爆。而节目的主持人，通常都是这座城市的明星，大家都很想一睹其真容。为什么呢？原来，通过收听节目，听众已经与主持人——也就是内容的生产者——构成了不一样的情感连接。

所以，如果你想与用户形成持续的连接，那么持续提供给用户优质内容，就是一种非常好的方式。

你现在合上这本书，拿起自己的手机，打开你的微信，看看公众号关注列表，是不是有那么几个号，你已经关注了很久，你已经对这个账号有一种依赖，乃至于有了一种情感连接？你会期待它的每次更新，盼望着它的每一篇推文。而这个账号做的活动，你也愿意去参加；它推荐的商品，你也愿意去购买。这一切都是因为你已经对这个公众号非常信任，而且与之形成了情感连接。

这种信任与情感连接，其实就是内容生产者对自己粉丝的影响力。所以，一个拥有几百万粉丝的美妆博主，能轻轻松松把一款口红卖到缺货。当然，这种影响力，都是因为内容而产生的，这就是为什么内容创意越来越值钱的原因。

再举一个更容易理解的例子。青少年时代，我们都有过追星的经历。我们所追的明星，有歌手，有演员。其实，都是因为他们给我们提供的内容——歌曲、影视作品等，让我们对他们产生了极大的依赖，把自己的梦想、希望甚至幻想寄托在这些偶像身上。这些，也都是因为内容而形成的情感连接。

为什么内容能形成情感连接呢？根据神经科学的知识，当你在消费内容时，你花掉了时间，这些内容给你触动，甚至会改变你的行为。有句俗语说：人都有见面之情。就是说，你见过面的人，哪怕只有一面之缘，两个人都会形成一定的情感连接。仅仅见一面，都有见面之情，而你一直在看的内容，在很长的时间里，占据了你的时间，影响了你的思维，甚至改变了你的行为，已经完完全全走进了你的生命。

与此同时，你知道这些内容都是那个幕后的创作者生产出来的。于是，你会很自然地与内容生产者形成了一定程度上的情感连接。

## 成为内容高手的必备技能

什么是好的内容？就是你说出了"人人心中有，人人口中无"的东西。用大白话来说，就是你的内容表达出了人人都想表达，但又没有充分表达出来的东西。做到了一语中的，一语入心。

那如何让你的内容达到这样的效果，让自己成为内容高手呢？这其实就需要你具备两项必备技能：

第一项：你有对人喜好的感知力。

第二项：你有精准的表达能力。

这两项能力，对应着内容生产的两个步骤：选题与生产。

选题，就是确定要生产什么内容。

生产，就是把确定要生产的内容真正生产出来。

媒体工作者都有这样的经历——开选题会、报选题、讨论选题。这个过程，就是确定要生产什么内容。开完选题会，记者、编辑就要根据确定的选题，把内容生产出来。如果你是一名编辑，当你按选题要求把最终的稿子交给主编时，主编如果觉得稿件达到审核标准，就意味着你按照选题把内容生产出来了；如果主编觉得稿件不符合要求，那就是你没有把选题所对应的内容生产出来。

所以，要成为内容高手，你就需要把这两步都做好。一方面，你需要找到好的选题，你要有判断出大家会喜欢什么内容的能力。我们经常讲的"网感"，就是在互联网世界里，对人喜好什么的感知力的一个具体表达。所以，选题对了，才能首先确保生产的内容大家有可能会喜欢；如果选题不对，你的内容表达做得再好，都没有用。

有了对的选题，你还需要把你脑袋中想的内容用具体的呈现方式真正表达出来。好多人都有这样的体会：我知道这是什么意思，但是就是写不出来；或者心里是那么想的，但说出来就不是那么回事了，这其实就是表达能力不够。所以，要成为一个内容高手，就要有把所思所想表达出来的能力。否则，想得再好也没有用。

我们不妨用建房子来比喻内容生产。我们首先需要作出设计图纸，就是确定房子要建成什么样子；再根据图纸，把房子给建造出来。这里，设计图纸就是选题；建造房子，就是生产内容。

如何习得这两项技能呢？我给大家分享一些我自己的经验。关于对喜好的感知能力，在互联网时代，核心方法就是让自己快速拥有"网感"。

有一个很简单且一定有效的办法——去看一切热门的内容。比如，热门微博、热门抖音、知乎热贴、各大内容平台上的热门文章……你坚持每天看，坚持一段时间，你的网感一定会有质的飞跃。

# 第二节　如何高效地产出好内容

　　根据自己的人设，在平台上生产内容，运营自己的自媒体，就需要我们做到持续更新。所以，我们需要找到一套行之有效的方法，以保证自己能高效地持续产出好内容。

　　要做到好内容的高效产出，核心分为三步：

## 确定内容模型，打磨样板

　　"苦命的妹子啊，7个义薄云天的哥哥为你撑起小小的一片天。"

　　"百年不变的守候，只为你那淡定的一吻。"

　　"花季少女体无完肤伤痕累累，谁才是伤害她的真正凶手？"

　　这三个标题分别是网友给童话故事《白雪公主》《豌豆公主》《睡美人》起的"知音体"标题。

　　创刊于1985年的《知音》杂志，以曲折的爱情故事及名人轶事等大众化内容与精英文化形成对垒，多年稳居期刊发行量中国第一、世界第五的位置。1999年1月，《知音》由月刊改为半月刊后，月发行量更跃升至450万份。这样的销量，在中国似乎只有《读者》和《故事会》这两本杂志才能与之相媲美。

所有成功的内容媒体或自媒体，都有着自己的鲜明风格，其内容风格统一，且具有很显著的特性。知音的标题之所以能成为知音体，足可见其特性之鲜明了。

同样，《读者》和《故事会》这两本杂志，也都有着浓浓的个性特色。《读者》的鸡汤故事，《故事会》的通俗故事，都是其成功的关键。

你可能在想，这三本杂志能取得如此大的成就，肯定都有很强的内容创作团队，但现实恰恰相反。我们拿《知音》杂志来说，它并没有自己专职的记者和撰稿人团队，所有的稿件全部都是约稿、投稿或者组稿。而且，这些写稿的人，水平参差不齐，创作风格、职业也完全不一样，有些是记者，有些是文学爱好者，有些是农民，有些是教师。

你是不是觉得不可思议？如此大的内容需求量，如此好的效果，居然没有自己的内容创作团队。那么，《知音》是如何做到这一点的呢？

这里面的关键原因就是，《知音》杂志不仅标题有自己明显的风格，而且每个故事都有自己非常严格的结构。

《知音》的故事，虽然在细节上有一些出入，但大概都是这样的结构：

**美满的开头＋突然的变故＋拼尽全力却无解，陷入绝境（伴随出现众叛亲离）＋最后出现转机，问题解决＋新的生活。**

以下，就是一个非常典型的知音故事：

**美满的开头：**青梅竹马的一对青年男女结婚了，婚后生活也很美满，并有了一个可爱的儿子。

**突然的变故：**但好景不长，一次偶然的高烧过后，发现孩子有先天性的罕见心脏病。

**拼尽全力却无解，陷入绝境（伴随出现众叛亲离）：**开始，小两口一起四处求医，但并没有医院能治好孩子，似乎已注定无法留住孩子的生命。但是女主人公并不能接受这样的结果，还是要坚持救自己的孩子。但此时，丈夫却要选择放弃这个孩子。夫妻俩出现了意见分歧，开始争吵，最后两人离婚。

之后，女主人公独自一个人走上了继续救治孩子的道路。她拼命打工，挣到的钱全部用来给自己的孩子治病。但孩子的病情越来越严重，并没有好转的迹象。女主人公陷入了绝境。

**最后出现转机，问题解决：**一次偶然的机会，女主人知道了北京某医院的某医生开创了一种全新的手术手法，这种手法有治好孩子的病的可能性，但是没有完全的把握，因为这将是这种手法首次投入临床使用。但女主人公决定赌一把，把孩子带到了北京接受手术。结果，手术取得了成功。

**新的生活：**得知自己孩子的手术成功后，在孩子恢复的过程中，孩子的爸爸也一直守在孩子身边，两口子虽然已经离婚，但在孩子康复这件事上，依旧齐心协力。孩子恢复得也很好，最终完全康复。当然，两人毕竟是青梅竹马，也有很深的感情基础，现在孩子也好了，于是两个人又复婚了。一家人开始了新的幸福生活。

这就是一个很典型的知音故事。所以，虽然知音没有自己的专职的内容生产团队，而且内容生产的人员参差不齐，但依然能产出类似的曲折动人的故事。因此，不管是谁，在写作的时候，都可以按照这个模子来进行内容生产。

而要做好个人的自媒体内容，你首先要做的第一件事，就是根据你的人设、你的目标用户来确定自己鲜明的内容风格，并快速脱颖而出，要让人一看到这样的内容，就知道这是你的风格。

有了明确的风格后，你还需要打磨出内容范本——样板内容，并拆解出清晰的结构，以便于按照模板高效产出内容，保证吸引目标用户的持续关注。如果是文章类，你需要写出标准样稿；如果是图片类，你需要制作样图；如果是视频类，你也需要作出标准的样板视频。

《知音》就是如此，其目标用户是中国非精英阶层的广大女性，具体点说，就是中国大量的普通女性。"人情美、人性美"是《知音》的办刊原则，而《知音》的故事总会体现这一点。所以，其所有的故事都在传递这样的理念：当你遇到生活的困难，你不能放弃，而是要努力去解决，哪怕众叛亲离。你要相信，你的努力一定会让你迎来转机，而曾经离开你的人也会被你感动，有所改变，并最终与你重归于好。

基于这样的内容风格，《知音》的故事，都是依照上面给出的清晰的结构来生产的，所以才能确保风格统一、高效产出、受众稳定。

另外，特别提一点，在互联网时代，要特别注重内容形式的独特性。由于人们喜欢的内容其实都差不多，别人写情感故事，你也写情感故事，你的内容在本质上和市场上的内容没有太大的差别。所以，更需要在内容表现形式上形成自己的鲜明风格。

比如，微信公众号"GQ实验室"，是中国广告收入最多的微信公众号之一。它的每期文章都是插图画的形式，非常易读，而且风趣幽默，风格非常鲜明。大家一看到这样的内容，就知道它出自GQ实验室。

综上所述，要想基于自己的人设，做好自媒体内容，首先就要确定好内容模型，并打磨出样板内容。

## 流水线作业，用倒推思维来生产

工厂为了提高效率，就采用流水线作业的方式。而我们要提高自己的内容产出效率，也要进行流水线作业。

流水线作业，具体而言，就是把一项生产过程分解成不同的环节，每个环节都有专人来做，人人都是只做这一件事，这样不断提高熟练度，最终实现高效生产。

我们生产内容时，该如何采用流水线作业的方式呢？

我有自己的一套内容创作的方法，非常高效。这套方法是我刚开始做媒体时，一家媒体的主编分享给我的。

那位主编告诉我，在出去采访前，要自己画版（就是把版面画出来），提前安排好图片、文字的具体位置，这样就知道自己要什么东西了。到了现场，先拍自己需要拍的图片，先拍好，再采访。

正是因为使用了主编给我的这套方法，才保证了我能高效地把稿子打磨出来。如果有多余的时间，就去挖更好的东西，能挖到当然更好，如果没有挖到，也不会出不来内容。

后来，我又进一步优化了这套方法，就是在生产任何一个内容之前，都先列出内容的结构。如果是一篇文章，我就会先列好提纲，再去找资料或者采访。如果是一条视频，我也会先列出结构，安排好开头、中间、结尾。这样，在拍摄的时候，就会针对性地拍摄；剪辑的时候，也不用再花费时间去安排情节，只需要按照结构直接剪辑，整体而言非常高效。

这其实就是内容生产时的倒推思维——永远只根据最重要的内容去做前面的内容准备，这样就避免了多余的劳动，非常有针对性。

在上一节中，我们把《知音》的故事拆解成了不同的部分。如果我们要写《知音》的故事，其实就是在做填空题——按照故事的每个板块，一一填进相应内容就可以了。

当然，我们自己的内容，也要像《知音》故事一样，有固定的结构，能拆成非常清晰的结构。每个部分其实就是一个生产环节，你的内容创作过程，可能就是一个流水线作业。

相信你一定有这样的体会：让你直接写一篇文章，但只告诉你一个主题，你一定会觉得很难，不知道如何下手。但是，如果有人已经给你列好提纲，知道每个部分要写什么，你就会觉得很容易。

## 及时复盘，持续优化内容及生产体系

报纸会改版，抖音账号的视频也会升级。这都说明，你的自媒体内容不可能是一成不变的。所以，你需要及时地复盘，持续优化你的内容及生产体系。

互联网时代是更有利于内容生产的。因为互联网有一个最大的特点，就是能第一时间看到用户的反馈。你发了一条抖音，大家对此有什么感受、什么反应，都体现在评论区了。

当然，你的这条视频是否受欢迎，看一看播放量、点赞量、评论量就可以了。你也可以通过各种数据平台看到更详细的数据。而这些数据，都是用户对你的反馈，这些反馈，能直接指导你的内容创作。

所以，我们需要及时复盘，要学会分析这些反馈性数据，据此不断优化自己的内容以及内容生产体系。

关于怎么优化，经常有两种形式。

**第一种：框架内优化。**

框架内优化，就是我们保持内容的结构、风格都不发生大的变化，只是进行局部的细节调整。比如，视频开头换成更活泼的形式，或者视频结尾改成更能刺激用户评论的方式。

在什么情况下采用这种方式呢？

一种情况是局部表现不好，即通过分析用户的反馈、后台数据，你发现目前的内容、整体数据表现良好，但是用户不太喜欢某个细节或者某个板块，那一般要进行局部调整。

另一种情况是想让局部变得更好，即通过自己的专业经验、实际测试发现如果进行调整后数据表现会更好，不妨做局部的细节调整。

**第二种：内容改版或升级。**

对于传统媒体来说，这一种方法就是我们经常讲的改版。对于自媒体而言，就是内容升级。具体而言，就是不再沿用原来的内容风格、内容体系，而是从整体形式和结构上进行调整或升级。

什么时候需要使用这种方法呢？

假如你是一个讲如何做平面设计的视频自媒体，你的内容形式一直都是真人出镜，直接讲述"干货"。但是你发现，近几个月，粉丝已经停止增长，甚至面临"掉粉"危机，而且播放量越来越低。也就是说你的数据已经出现了长时间的停滞和下跌，进入了瓶颈期，这时，你就需要进行内容改版或者升级了。

你可能需要把你的内容形态升级为：用办公室情景剧的方式来生产内容，具体的设计技巧等干货都可以放在情景剧中，这样内容会更有趣、更生动，大家的好感度和接受度就会更高。

我也曾注意到一个音乐的短视频账号。在最开始，其发布的内容就是普通的翻唱，数据表现平平。后来，这个账号的内容变成了"街头情歌对唱"的微综艺节目形态，有音乐、有剧情、有高颜值男女主角。结果，账号的数据一下子就起来了，这就是内容升级所带来的即时效果。

# 第三节　1+N 经营平台矩阵

有了内容，我们与用户连接时，就需要经营好自己的平台矩阵，需要在各大平台上经营好自己的账号，吸粉沉淀，成为大 V。

在产品销售中，个人平台矩阵的构建，其实相当于产品的销售体系的构建。关于企业的产品销售，通常会采用两步走策略：先深耕一个核心渠道，再遍地开花。

先深耕一个核心渠道：集中资源，把一个核心渠道做好，并做出亮眼成绩。

再遍地开花：把自己的模式复制到其他渠道，实现销售渠道的全面开花。

之所以这么做，原因有三个。

第一，先做透一个渠道，就能不断优化出一套销售方法，便于把成功经验快速复制到其他渠道。但是如果一开始就全面开花，很可能出现所有的渠道都做错的情况。这样，产品的整个销售，就会面临灭顶之灾。

第二，先做一个渠道，也有利于将资源集中在一个渠道，有利于获得渠道平台的支持。比如：三只松鼠品牌，就是先在淘宝天猫平台深耕，把资源全部集中在这里。由于效果很好，也得到了淘宝、天猫平台的大力支持。试想一下，如果一开始三只松鼠就分散资源，则不可能如此快速地获得某个平台的大力支持。

第三，把一个渠道做起来，做出成绩，更容易争取其他渠道的资源。当你把一个渠道做好后，再去做其他渠道时，有了摆在眼前的实力证明，再与其他平台接洽时就能争取到更好的支持力度。例如，你想进入京东自营，如果你一无所有，当然会很困难，但是如果你能做到在天猫上销量特别好，就能证明你这个产品卖得不错，再进京东自营就能获得很好的扶持。

布局个人的平台矩阵，也可以采用这套产品销售方法。根据平台矩阵构建的特点，我总结为"1+N平台矩阵"的运营策略，即深耕一个平台成为大V、N个平台扩充运营。

为什么这么做呢？原因其实和产品销售渠道的构建类似：深耕一个平台能聚焦资源和精力，较快地打造出品牌影响力，且积累成熟的运营经验，再扩充到其他平台，就能获得其他平台的扶持，且有成熟的方法可用。

接下来，我们就来具体讲如何走好这两步。

## 深耕一个平台成大 V

渠道造就品牌——这是商界的一条铁律。

在中国各地盛行步行街的时代，出现了很多服装品牌，比如美特斯邦威、森马等，你到中国的任何一条步行街，不出意外，都有这两个品牌的专卖店。

而在 Shopping Mall（购物商场）时代，则造就了很多"快时尚"品牌，比如 Zara（飒拉）、优衣库等，在城市里的大型购物中心，都很容易看到这些快时尚品牌。

当然，在网络购物时代，淘宝天猫也是典型的优势渠道。例如，韩都衣舍、三只松鼠等都是从这里走出来的品牌，大家称其为"淘品牌"。

渠道造就品牌，而平台也造就"大 V"。

在博客时代，有"博客女王"徐静蕾；在微博时代，有"微博女王"姚晨；在微信公众号时代，有"有书""十点读书"这样的微信大号；在抖音短视频时代，也出现了"多余和毛毛姐""七舅脑爷"这样的原生大 V。而在知乎、小红书、在 B 站，也都有各自的平台大 V。

所以，要想成为大 V，你要做的第一件事，就是深耕一个平台，成为一个平台的大 V。

那具体怎么做呢？核心分为三步。

## 情理并重，慎选深耕平台

既然是你成为大 V 的第一步，深耕一个平台就非常重要了。那这个深耕的平台，应该怎么选呢？

我给出的方法是情理并重：先理性分析，再情感评估。

先理性分析：根据你的目标人群和你自身的特点来挑选渠道。如果你是一个"段子手"，而且也擅长视频制作。那么，各类短视频平台就是很不错的选择。

例如，如果你是一个知识渊博的人，但又因为工作忙没有办法做到持续高频的内容产出，那么，知乎就是很不错的选择。

如果你是做二次元动漫的，那么 B 站就是你的首选，因为你的目标用户大多都在这里。所以，所谓理性分析，就是要做到客观、全面、透彻地分析各平台的特点，并结合自己的实际情况，选出你认为合适的平台。

再情感评估：做过自媒体的人都知道，平台为了做好内容，经常会对不同的内容创作者进行扶持，而且也会有意开发部分领域的内容创作者。如果你能成为平台的重点扶持对象，那么，你自然更容易成为大 V。

所以，你不能只是理性分析，还要从情感上来评估，你和哪个平台的关系可能更近。我们不求平台给你什么独特的支持，但最起码会占有信息优势。你想，如果你总是能首先知道平台最新的内容需要，并按照粉丝的需要去进行创作，自然效果是不一样的。

所以，选择深耕平台，这两个角度都考虑一下，千万不能只是依赖理性分析，也不能只是凭借情感亲疏就草率决定。如果经过理性分析发现 A 平台最适合你，同时 B 平台也比较适合你，但是你和 B 平台工作人员关系不错，就应该选择 B 平台。

当然，如果 B 平台确实是不合适的，即使与 B 平台的工作人员关系再好，也不要选择 B 平台。

## 投其所好，抢平台扶持

当你选出了深耕的平台，接下来，就是要在这些平台上开号，持续生产内容了。你要想成为平台的大 V，就一定要保证内容的质量，这是根本要求。

那么在内容质量不错的情况下，如何获得平台的更大支持呢？我的经验是：投其所好。

举个例子，2019 年夏天，抖音就大力扶持 Vlog（视频博客）形式的视频。为了吸引大家都发 Vlog，抖音甚至给平台所有用户都开通了发布 60 秒长视频的权限。要知道，原来要同时符合好几个条件，才能拥有发布60秒长视频的权限。而且，在全面扶持Vlog的同时，抖音还推出了十亿流量扶持等各种活动，Vlog视频能获得更多的流量推荐。

如果你的深耕平台选择了抖音，你就可以投其所好，选择用Vlog的方式来制作视频。如果你是直接在抖音上给人讲怎么画画的，原来采用的方式就是直接出镜来讲干货。那么，现在就完全可以把自己的视频做成Vlog的形式，你可以记录你在实际工作中，教学生画画的Vlog视频。

当然，有很多抖音博主抓住了抖音大力扶持Vlog的机会，全面转型做Vlog视频。一段时间内，他们就拥有了上百万甚至几百万的粉丝。

所以，如果你要深耕一个平台，除了首先保证内容质量，你一定要关注平台的动态、平台的活动、平台的内容扶持方向，做到及时地调整自己，与平台步调一致，就能做到事半功倍。

多数平台都有针对创作者的信息发布的专门通道，而且，只要你的内容和账号做得还不错，就会有专门的运营人员来服务你。你一定要多看专门通道上的信息，也要多与运营人员沟通，尤其是当运营人员有什么内容需要你支持，有什么活动邀请你参加的时候，你一定要把握住机会，积极配合。这样，你一定能收到更好的效果。

## 饱和打击成顶级大 V

有一种营销手段叫饱和打击，就是在某一个时刻或者某一阶段内，集中所有的资源，集中攻击某个点，起到让人印象深刻的营销效果。与之对应的，就是"撒胡椒面"的营销方式，即今天做点这个，明天弄点那个，这样的营销效果就不会太好。

现在的营销方式，都越来越倾向于饱和打击。这其实与人的神经反应有关系。有研究表明，一个广告要让人记住，需要在一个时间段内，让人能连续看到或听到至少三次，如果能达到五次，甚至七次，效果则更佳。这意味着这个信息需要连续高强度地刺激人的大脑，从而形成记忆，达到良好的营销效果。

就像我们记英语单词，如果要牢记，就需要不断重复记忆——今天记下的单词，明天再重温一下，隔几天再加强记忆一下，防止遗忘。

大家可能记得，在奥运会、世界杯或者其他国际大型运动会或者赛事期间，有一些品牌就会集中在一个电视台进行密集的广告投放，这就是典型的饱和打击。

当然，如果你要成为大 V，想让更多人知道你、记住你，也可以采用这种饱和打击的方式。但不要平均用力，而是要把握机会，集中发力。这种高强度的饱和宣传自然不能天天做。那什么时候启用饱和打击呢？就是出现了爆款内容时。

我们来看几个例子。

"多余与毛毛姐"是抖音上的一个现象级大V，在2018年春节前，他的一句"好嗨哟"爆红，成为抖音流行语，被无数人当作BGM（背景音乐），或是模仿使用。接着，在连续一段时间内，"多余与毛毛姐"的抖音几乎做到了每日更新，优质作品持续出现，最终成为抖音上的现象级大V。

"办公室小野"是从微博上爆红的创意美食大V，一条"办公室里饮水机涮火锅"的视频让她一举爆红。在这条视频爆红之后，"办公室小野"也是连续推出了多条很有创意的美食视频，一举奠定了自己创意美食类顶级大V的地位。

各路大V均是这样成为大V的，这也是你要走的路。因为，当爆款出现后，大家一下知道了你，在这个热门头上，大家都还在关注你。这个时候，你就要把握住时机，趁热打铁，连续推出爆款内容，真正做到饱和打击，就能一下真正成为大V。

相反，如果你在"话题高热"期间没有采取措施，而是等很长时间才出一个爆款内容，之间有很长时间的间隔，这样长时间的空白和不作为，就无法形成饱和打击的效果，你自然也难以真正成为顶级大V。

另外，特别说明一个现实的情况：平台也会打造自己的顶级大V。为了保证新鲜感，平台希望每隔一段时间都能出现平台级或者现象级的大 V。所以，平台也会有意扶持一些有潜质的，做出过爆款的大 V，助推他们成为顶级大 V。如果你做出过爆款内容，而且还能连续推出爆款内容，就能很容易成为平台着力扶持的对象。

一句话，把握住每次爆款时机，趁热打铁，连续推出爆款内容，饱和打击，会更容易成为顶级大 V。

# N 个矩阵平台的经营逻辑

当你深耕好了一个核心平台后，或者已经在一个平台做出了一定的效果，有了一定的影响力，这时，一定会有其他平台的运营人员找到你，希望你入驻他们的平台。

如果你在抖音上表现很好，那么，一定有人找你入驻微视、全民小视频等其他类似的短视频平台。

这时你该怎么办呢？你就该开始构建平台矩阵了，你需要扩展到其他多个平台。

关于多个矩阵平台的经营，通常有两种模式。

## 同步式运营平台矩阵

同步式运营平台矩阵模式，是指把自己在深耕平台上的内容同步到其他的平台，并不做专门的运营，只是进行相同内容的多平台发布。

这种模式适合绝大多数朋友。因为做内容还是需要付出很多时间、精力和财力的，当你还没有足够多的人力和物力时，还没有红到家喻户晓的程度时，没有必要再去开掘其他的平台，还是应该以自己深耕的平台为主，集中做好这个平台。对于其他的平台，只要同步更新内容即可。

一是因为这样做不需要额外花费更多精力，还能吸引一些粉丝，扩大自己的影响力；二是因为你已经在这些深耕的平台拥有了很好的成绩，这些平台也会给你不错的流量支持等；三是你还需要一段时间来打造自己的影响力，好好提升自己，同时维护好与这些平台的关系。

## 差异式运营平台矩阵

差异式运营平台矩阵模式，是指在多个平台发布不同内容，不再是简单的内容复制，而是依据各个平台的特点，发布同系列但有差异的内容。

这种模式适用于自己的影响力已经足够大，在自己的深耕平台已经做到了头部，或是在所属垂直领域已经成为头部的人。

这个时候，你肯定已经有了可观的经济收入，你有能力去聘请专门的人员，为你来运作自己的自媒体矩阵。

你可以根据不同的平台，基于自己的人设，做有一定差异的内容。假如你是一个旅游方面的抖音达人，在抖音上你发的都是短视频，内容都是精华，只是还不够具有深度。但是，你每次去一个地方旅行时，其实积累了大量的素材，一条抖音短视频是无法呈现完整的。那么，你完全可以在爱奇艺、腾讯视频、优酷视频这样的视频平台上推出自己的旅游纪录片节目。每个旅游地点配一期完整性更高的长视频节目，能使你的内容更有深度，也可以与抖音上的视频形成联动，真正构建属于自己的内容和平台矩阵。

所以，到底采用哪种方式来构建自己的平台矩阵，要视发展阶段来定，要综合考虑自己的人力、财力情况，以及平台的合作形式、突出优势、用户需求等。

## 本章小结

### 成为内容高手的必备技能

1.内容为什么在互联网时代越来越重要？

第一，人对信息是永远渴求与好奇的，所以人离不开内容，而且永远不会满足，因为渴求与好奇永远不会满足；

第二，在互联网时代，内容已经成为人最容易获得的能让自己愉悦的东西；

第三，内容完成了创作者与用户的情感连接，所以创作者能影响用户，左右用户的行为，自然商业价值巨大。

2.内容高手的两项必备技能。

第一项：对人喜好的感知力。就是要知道什么样的内容，是大家想看的。

第二项：精准的表达能力。知道了要生产什么内容时，还要真的能把内容生产出来。

## 如何高效地产出好内容

内容要高效产出，就需要流水线作业。那么，你就要根据自己的人设，制作自己的内容模型，形成自己的独特风格，并把模版内容拆解成不同的小板块，实现流水线作业。当然，你也需要及时复盘，并根据用户的反馈不断优化内容模型。在遇到增长瓶颈时，还需要进行内容改版或升级。

## 1+N经营平台矩阵

1.两步走策略：你需要先深耕一个平台成为平台大V，再扩展到其他多个平台，形成平台矩阵。这是因为深耕一个平台有利于集中力量，也更容易获得平台的支持，从而成为大 V，且能总结出一套有效的方法论。接着，你利用已经拥有的影响力再扩展到其他平台，也便于利用已有的影响力，获得其他平台的扶持。

2.深耕一个平台：需要你理性分析，选择最合适的平台，也需要考虑自己与这些平台的关系，衡量更容易获得哪个平台的支持，优选出适合自己深耕的平台。深耕一个平台时，你要按照平台的需要来生产内容，这样更容易获得平台支持。

另外，当你做出爆款内容时，要把握机会，连续推出爆款内容，实施饱和打击，成为顶级大 V。

3.N个平台矩阵怎么经营：当你的影响力还不足够大时，内容同步到各平台即可，核心深耕主攻的平台；当你影响力够大，也有足够的人力物力时，可以根据每个平台的特点来生产有差异的内容，从而形成自己独树一帜的平台矩阵和内容矩阵。

Step 6

# 引 爆

打造代表作，创造你的高光时刻

营销学解释：一个产品要想万众瞩目，必须在某一瞬间引爆，使其成为明星产品。从此，这一时刻的成就，就是这个产品的最佳销售武器，在所有销售渠道中都能所向披靡，畅通无阻，让人追着买。而放大自身价值，也需要创造自己的"高光时刻"，最佳的方式，就是打造自己的代表作。

每位知名演员都会有自己的影视代表作，而每一位知名歌手也都有自己的经典歌曲。

代表作，就是明星们的"高光时刻"，是他们有效的"爆红武器"，这些作品反过来也成就了他们的专业地位，这足以看出代表作的重要性。甚至，有一些歌手能够靠一首代表作征服观众，火了一年又一年。

自我营销，把自己打造成爆款，也就是把自己打造成明星，你不需要像无头苍蝇似地乱使力气，东一榔头西一棒槌地营销自己。你真正需要做的，是聚焦精力，打造自己的代表作，创造自己的高光时刻。

# 第一节　就地取材"秀"出你做的事

在这个高速发展、诱惑泛滥的时代，"一辈子只做一件事"，已经成为一种精神的象征，被誉为"寿司之神"的小野二郎，就是一辈子只做一件事的代表。

小野二郎，是如今全世界年纪最大的米其林三星主厨，他可谓是师傅中的师傅、达人中的达人，在日本地位崇高，而"寿司之神"的美称更是传遍世界各地。

小野二郎一生中有超过55年的时间都在做寿司，因此他对寿司所注入的精神及其技巧无疑臻巅峰。他店内的食材都是经过精心挑选的，食物从栽培、制作到入口的那一瞬间，每个环节都经过了缜密的评估和计算。

他的寿司店名叫"数寄屋桥次郎"，位于东京银座，只设有十个座位，没有洗手间。在这里吃饭需要至少提前一个月预约，通常每月的第一天就预约满了整个月的座位。消费金额是30 000日元（约人民币1700元左右）起，顾客不能点餐，要完全按当天的菜谱安排来享用美食。并且，他还要求一顿饭必须在30分钟内吃完，吃完后顾客要马上走，因为还有其他顾客在等位。

就是这样一间看起来略显"奇葩"的小店，获得了米其林三星的荣誉，代表了寿司的最高水平，甚至被誉为"值得花一生去等待的店"。

日本，是一个很讲求专业极致的国度，有很多人像寿司之神小野二郎一样，一辈子只做一件事。

其实，在中国也有很多这样专注的、值得我们敬佩的人。

袁隆平，杂交水稻之父。他这一辈都从事杂交水稻研究。

钱学森，中国航天之父。1955 年从美国回国后，一直都在引领中国航天事业的发展。正是通过他和许多献身国防事业的科学家、工程人员艰苦卓绝的工作，将中国导弹和原子弹的发射时间向前推进了至少 20 年。

像袁隆平、钱学森这样值得我们敬佩的大家还有很多。可是为什么在他们默默奉献的时候，我们不太知道他们的事迹呢？原因很简单——中国人比较含蓄，不太习惯也不太善于向外宣传自己所做的事。

看到这里，你是否发现了，对于一个人来说，最有可能成为自己代表作的往往源自于自己正在做的事——自己正在做的事，就是自己最大的代表作。

比如，联想集团之于柳传志，阿里巴巴之于马云，事业就是其最佳代表作，他们也是各自公司最闪耀的名片。

在互联网时代，流量是一切的基础。所以，大家会发现，中国的知名企业和企业家常会活跃于各种媒体。这其中，很多都是为了企业宣传或者个人形象传播，以便帮助企业和企业名片获得更多的关注。

你最应该打造的代表作，就是包装好你正在做的事情。在这一点上，很多创业者都做得非常好。他们把自己的创业故事、自己做的公司，塑造成很有传播力的故事，从而把自己打造成爆款。

我来给大家讲一个自己亲手操作的案例。

2016年11月4日，湖南卫视《天天向上》节目制作了一期"脱单季"节目。在这期节目中，湖南卫视邀请了美信金融的创始人——刁盛鑫等五位事业有成的精英人士及娱乐圈"著名单身女青年"张静初和秦岚现场相亲。两位女明星与五位黄金单身汉真诚交流，讲述最接地气的婚恋观。

值得一提的是，这次刁盛鑫上《天天向上》节目，不是因为商业合作，而是《天天向上》导演组的直接邀请。

节目播出后，"高颜值""华尔街精英""霸道总裁"等各种惹眼的关键词频频把刁盛鑫送上热搜，他可谓火得一塌糊涂。之后，多档卫视节目邀请刁盛鑫参加，比如江苏卫视《一站到底》等。除了这些综艺节目，在各种财经、投资、理财类的节目与活动中，刁盛鑫更是成了常客。

当然，刁盛鑫如此高强度的曝光，也为美信金融赢得了无数免费的传播机会与资源，省下了巨额的营销费用。

能成为公司免费的"明星大使"，不花钱就为公司做营销，自然是很多创始人希望看到的。你可能会说这很难做到。其实，现实操作起来，并没有那么困难——仅仅用五个月左右的时间，刁盛鑫就实现了这样的效果。

2015 年 5 月，刁盛鑫及其团队拿到了天使投资；同年 6 月，核心创始团队的七个人正式在纽约曼哈顿成立了美信金融；2016 年 6 月，他完成数千万 A 轮融资，品牌同步落户北京和上海。

也就是在此时，美信金融才开始对外传播自己。

也就是说，从 2016 年 6 月开始对外传播，到 11 月登上《天天向上》，也就仅仅五个月左右的时间，刁盛鑫与美信金融的知名度就打开了。

随之而来的宣传，为美信金融带来了实实在在的流量，也为刁盛鑫个人带来了个人财富和社会地位上的突破。2017 年 4 月 13 日，刁盛鑫成功登上 2017 年福布斯亚洲"30 Under 30 "排行榜（"30 位 30 岁以下精英榜"）。

了解了刁盛鑫的创业历程与成绩，下面我们就来解析刁盛鑫的"走红"过程。具体看看让其走红的"关键事件"。

**第一件事：打造高辨识度的个人定位，并概括一个关键词。**

**解决方案："华尔街网红"。**

刁盛鑫的个人定位不难找——年轻的"华尔街精英"。他的经历也恰如其分地证明了这一点。

刁盛鑫毕业于纽约大学的斯特恩商学院，拥有金融和经济双学位，毕业后一直在华尔街从事金融行业。28岁（2016年时）的他，已经拥有五年纽约华尔街投资银行经验，专注于美国跨境兼并收购和资本募集，参与过上千亿跨境投资并购交易，曾先后在美银美林集团、法国兴业银行等任职。

说到这里，大家会发现，这个定位似乎辨识度并不高，那就需要继续深挖。在美国华尔街从业期间，刁盛鑫因为超强的业务能力和出色的业务成绩，在金融圈和当地的华人圈有着不错的知名度，是所谓"圈子里的网红"。所以，就有了刁盛鑫的高辨识度定位——"华尔街网红精英"。

有了定位，就需要概括一个有传播力的关键词。2016年，"网红"这个词本身就特别火，而"华尔街"本身就是关键词。因此，就可直接概括成一个关键词——"华尔街网红"。这个词不仅体现了刁盛鑫在创业之前的个人经历与专业能力，而且还自带流量。毕竟，惹眼的"华尔街"和"网红"两个关键词相互叠加，就能引起中国网友与媒体的关注，产生极强的自传播力。

**第二件事：永久有效的爆红武器，聚焦一个代表作。**

**解决方案："网上华尔街"，一万美元起投美国。**

刁盛鑫的成名代表作，就是自己创立的公司——美信金融。所以，对于他来说，就地取材即可顺利打造代表作。具体要做的，就是把公司包装好，并将其漂亮地展示出去。当然，最重要的，是把公司和创始人紧紧地联系起来。

美信金融的业务极具特色，产品和服务直击用户的需求点，而且具有开创性，引领了行业先潮，被业内誉为"网上华尔街"。

有这样的好公司，又有华尔街网红这样的关键词，太容易传播了。于是，诸多媒体报道刁盛鑫及其团队的创业故事。很快，刁盛鑫也获得了极大的关注，连知名电视节目《天天向上》也主动邀请他上节目。

当然，登上《天天向上》后，刁盛鑫被更多人所熟知，逐渐积累了更高的关注度，成了公司的"明星大使"。

刁盛鑫的事迹就是这样一个真实的故事，在极短的时间内，通过秀出自己的代表作、自己创立的公司，一举爆红，从而成为公司的"明星大使"。

对刁盛鑫的故事进行分析后，我们发现他做对了两件事：一是定位精准，二是代表作有说服力。

定位，其实就是我们在本书前面所讲的人设。所以，我们在秀出自己做的事情时，要联合动用本书前面讲到的如何做人设、如何讲故事、如果做内容等相关方法，包装好自己做的事情，使其成为自己的代表作，迎来属于自己的高光时刻。

又或者说，本书前面讲到的所有内容，都是铺垫和准备，都是为了能让我们创造出自己的代表作，进而让话题实现瞬间引爆。

# 第二节　打造一个爆红事件

如果你认为你做的事情，还不足以成为你的代表作，或者你不希望自己的代表作是你做的事，那么，你可以专门设计一件事，并让这件事爆红，成为自己的代表作。

不管你如何看待锤子手机的CEO（首席执行官）罗永浩，你都得承认他很会"搞事情"。

2011年，罗永浩在北京西门子电器总部门口，抡起大锤将三台西门子冰箱砸成一地碎片，一度成为轰动一时的话题性事件——一个人"单挑"一家世界级企业巨头，而且通过现场砸产品这样极端的方式去解决，粗暴的行为和激烈的矛盾冲突很容易抓人眼球，吸引着媒体去报道。罗永浩也因此收获了大量的粉丝，有些粉丝忠实度极高，一直延续到了其推出锤子手机的时代。可以说，彼时的罗永浩成了品牌推广的先锋。

有时，一件轰动性的事情能够让你成为一个时代的标志。当年，同样是因为张瑞敏怒砸冰箱，树立了社会大众对于海尔品牌的信赖。越是大胆到让人感觉意外的事情，越是容易引起媒体的兴趣，越有助于提高你的知名度。

那我们就要尽量放大胆子，去"设计"一件让自己爆红的事情吗？其实不是的。任何高楼也不能瞬间拔地而起，都需要从打地基开始，一点一点地积累，才能最终建成。

你要想打造一件让自己瞬间爆红的事情，自然也不能凭空就设计出来。你需要基于你已经有的东西，并以当下的事实和情境为依托。所以，更容易成功的方式，是根据你选定的人设，基于你在做的事情和已经取得的成就，来设计一种更抓人眼球的"出场方式"。

再来讲一个我亲自操作的案例。

我们思考一下，一个在减肥行业耕耘多年的减肥教练，该如何通过一件事情一举爆红呢？

接下来，我们就来看看世界级减肥教练谷雨东是如何通过"干掉100吨脂肪"实现一举爆红的。

谷雨东是世界级的运动减肥专家，原CCTV-5《早安中国》"减肥训练营"总教练，中国减肥训练营标准的制订者。

谷雨东不仅在中国拥有极高的行业地位，在全球范围内都拥有不容忽视的影响力，世界顶级媒体英国BBC和法国法新社都对其进行过专门报道。

2015 年 8 月，谷雨东做了一件让自己瞬间爆红的事情。他发起了"干掉 100 吨脂肪"全球减肥计划。参与方法非常简单：参加者照着他总结出的"雨东运动减肥法"进行减肥，并在系统中提交自己的减肥成绩，所有人的减肥成绩累计，大家一起来"干掉"100 吨脂肪，并创造新的吉尼斯世界纪录。

从发展的角度来看，谷雨东可以一直把这件事做下去。这个事件设计的优势在于可以持续进行，而且能够根据完成的情况不断提升、不断累积。当达成 100 吨的目标之后，还可以再挑战 200 吨、300 吨、1000 吨……这个数字越大，所"干掉"的脂肪越多，谷雨东在减肥领域的影响力也就越大。

谷雨东的"干掉 100 吨脂肪全球减肥计划"不是一个空穴来风的计划，是真正属于谷雨东的代表作。要知道，在从事减肥行业十几年的过程中，他已经帮人减了几十吨脂肪了，这既是谷雨东的影响力，也是他本人减肥教练的人设基础。

你的人设，需要用一件极致的事情，一种出彩的方式表现出来，这是你引爆 IP，实现瞬间爆红的一个绝佳方式。当然，这件事也很有可能成为你的代表作，并迎来自己的高光时刻。

# 第三节　把思想创作成作品

上面讲的两种代表作都源于现实生活。在这个世界上，除了我们正在做的事有价值之外，人的思想、理念、智慧也永远都是有价值的东西。所以，你的思想也能成为你的代表作。

只是，你的思想不能只停留在你的脑袋里，而是要把它创作成作品，让大家都看到、听到。所以，另外一种典型的代表作，就是你创作的作品。

心理学中有一个分支叫"表现心理学"，就是你想得到什么结果，就要先在行动上这样表现，你就真的能实现这样的结果。比如，如果你想变成一位公司高层，那么你就要按照公司高层的标准去工作，像高层一样去思考、去决策、去提升自己，直到拥有高层应该具备的能力……如此，才能真的成为公司高层。

同样的道理，要想有自己的代表作，你首先就要像一个有代表作的人一样去思考、去行动。你要像他们一样，把自己的思想转化并创作成作品。

## 两个你绝对没有想到的事实

虽然前面我们已经讲了通过创作自己的作品来打造自己代表作的重要性，但是，在互联网时代，却隐藏着两个惊人的事实。

**事实一：当你开始创作时，你就成为了金字塔顶端的 1%。**

在互联网世界，有一个"1：9：90 法则"，描述的是网络内容的人员构成。具体来讲，就是在互联网中，90% 的网民只消费内容，9% 的网民会参与互动（如评论、转发、讨论等），而只有1% 的人会积极创作内容。

比如，一个视频网站，如果有 1000 万用户，那么其中只有 1% 的人，就是 10 万人会发布视频；只有 9% 的人，即 90 万人左右的人会评论、点赞、转发等；而剩下的绝大多数人都只是来看视频的，而且看过后并不会有任何行为。

现在，你应该明白了：在互联网时代，永远缺乏创作作品的人。

另外，我们大都是基于自己的人设，聚焦在了某一个细分的领域，而不是要成为全网的爆款人物。所以，你只需要构建自己在某个领域的影响力，能在某个领域引爆个人 IP 就可以。例如，如果你在母婴领域的人设是育儿培训，你只需要成为这个人设上的爆款人物即可。

当然，在具体操作上，1%的创作者再分布到每一个垂直细分领域，更是少之又少。在你打开电脑，打开 Word，写完一篇文章，并把这篇文章——你的作品发布出去的那一刻，你就瞬间超越了99%的人，成了金字塔顶端区域的人群，成了有可能被大家追随的1%。

**事实二：隔行如隔山，你认为的常识却是别人眼中的高深学问。**

前面我们提到，要把自己打造成爆款，只需要在特定的领域内展开，因为你的人设一定是聚焦到了某一个细分领域。

你要想建立行业影响力，成为这个细分领域的专家，一个非常简单且一定能够成功的方式就是创作自己的作品，把自己知道的专业知识、经验、技能等毫无保留地分享出去。

说到这里，可能大家会有两个担忧。

第一个担忧：担心露怯，信心不足。你会在潜意识中认为：我知道的这些很多人都知道，大多都是行业常识，创作成作品被大家追随实在是资格不够。又或者，反而会让人觉得你也就知道这么点，没什么了不起的，大家都差不多。

这种担忧完全是多余的。你要知道，我们的目的是通过这些作品来引爆个人IP，创造自己的高光时刻，放大自身影响力。我们的用户，大多不是本行业的人，所谓隔行如隔山，哪怕你就是在讲行业常识，别人也会觉得你专业。因为在其原有的知识体系里面，许多人对你所讲的这些内容完全没有接触过，或知之甚少。

我自己经常会在很多活动上给大家做营销主题的分享。当面对非专业营销人员的观众时，我都会尽可能讲一些很基础、很通用的营销方法论。但是，没有哪一次，大家听过分享之后，没有感觉到自己收获很大，受益良多——这就是隔行如隔山的效果。

同理，我自己也有这样的体会，我每次要去了解一个我未曾了解过的专业领域时，就会去请教这个领域的一些专业人士。他们会把行业的一些常识告诉我，我也会觉得收获颇多，感觉自己很短时间内就入门了。

第二种担忧：同行借鉴，担心丧失优势技能。有人会觉得，这些秘诀都是我掌握的知识和技能，是我吃饭的本事，是我践行在这个行业所积累下来的存货。如果我都毫无保留地说出去了，别人都学会了，我自己就没有竞争力了。

这个担忧也是多余的。一方面你分享的东西，在传递过程中是有遗漏的，别人难以接收到最完整的信息，很难完全学会；另一方面，即便是相同的事物，每个人的理解也都不一样，一千个人会从你分享的这些东西里悟出一千个道理，他们很难真正意义上成为与你完全雷同的竞争者。

当然，多数情况是大家根本没有打算去学。要知道，你的用户是要找一个专业的人或者公司来帮自己解决问题，而不是自己要学会这个, 成为像你一样的人。就像人生病了, 最要紧的是要找一个医生给自己治好病, 而不是要自己成为一名医生。

## 三种创作作品的高效方法

现在, 你已经明白了, 创作自己的作品, 原来是引爆个人IP的高效方式。那么, 究竟如何打好创造作品这一仗呢?

我来告诉你三种非常容易操作且效果非凡的方法:

### 系列化创作

米歇尔·潘——一个来自单亲家庭的越南裔美国女孩。出生于普通家庭的她, 却靠着在网上持续发布 "教人化妆" 的系列视频, 成为YouTube(油管) 上第一位点击量超过10亿人次的女性, 并在 "100个新媒体红人榜" 上排名第48位。27岁时, 她登上了 "福布斯排行榜", 当时的她拥有4家公司, 总市值1.7亿美元。

据媒体报道, 米歇尔·潘是YouTube上最富有的名人, 拥有约5000万美元的财富。

其实, 米歇尔·潘创作的视频并没有多高深, 大多是很实用的化妆技巧和方法。但是, 她却始终坚持发布此类视频, 以保证持续的产出, 才能取得如此成就。

为什么我们每天看那么多微信文章，"刷"那么多微博……依然要坚持读书呢？就是因为，前者是碎片化的摄入，而看书则是体系化的吸收——碎片化的摄入永远替代不了体系化的吸收。

据此反推，我们在创作作品时也可以成为体系化创作，并形成系列作品，其价值则会成倍放大。例如，如果你是通过发布养宠物方面的视频来构建自己的影响力，那么你有两种可选方式：一种是你每次都是随机发布，不考虑选题，想到哪里是哪里；另一种是制订体系，精心打磨选题，依照选题发布相应内容。

比如，"新手养宠物技巧系列"这一主题下，分别设有"新手养猫的十个技巧""新手养狗的十个技巧"等分类视频。很显然，是不是后者更能体现你的专业性，且内容有更长久的价值呢？

大家还记得最早的《罗辑思维》节目吗？它就是一个系列的视频栏目，讲的都是与年轻人成长有关的问题，所以，很快就积累了影响力，成了罗振宇的代表作，并在网络世界快速爆红。

所以，如果你想通过创作作品来构建领域地位，最好把你要分享的内容做成具有自己独特标签的内容，构成一个系列，并且坚持持续创作作品，哪怕开始时没有爆红也没有关系——日积月累地创新和磨炼自己，量变一定会引发质变。

这种方法尤其适用于在专业垂直领域的分享。只要你愿意坚持，没准哪一天，你就会在不经意间突然发现——自己的作品火了！

## 出版一本书

如果你有一个朋友，突然出了一本书，你是不是会觉得这个人特别厉害，而且这个人在你心中的形象瞬间就提升了。

引爆个人IP，说到底就是你要和其他人有区别。

如何打造这种区别呢？出一本书就是一个很好的办法。无论是在中国还是在外国，能写作的人少之又少，能写一本书并能出版的人更是凤毛麟角。尤其是在你自己人设所在的垂直领域，你如果能出版一本书，整个行业可能都会认识你。古今中外，很多人都是通过写一本书，让其成为自己的代表作，从而成功地引爆个人IP，确定自己的行业地位的。

例如，老子创造了一套"道"的理论，写了一本《道德经》，从而确定了自己道家思想开创者的地位，并成为世界级文化名人；陆羽创造了一套茶的理论，写出了世界第一部茶叶专著《茶经》，才成为名垂千古的茶圣；孙武创造了一套打仗的理论，写出了《孙子兵法》，成功打造了孙武军事家的个人品牌，才被称为兵圣。

不仅仅在古代是这样，在现代社会，通过著书打造个人品牌的更是比比皆是，只要说到营销，就几乎一定能提到"定位"，说定位理论是营销领域影响力最大的理论也不为过。同样，定位理论也是靠着书来确立的。

定位理论的两位创始人是美国人杰克·特劳特和艾·里斯。1972 年，两人在《广告时代》杂志上连续刊登系列文章。1980 年，两人合著了《定位》一书。之后，他们还写作了定位的系列丛书，包括《22 条商规》《商战》《简单的力量》《重新定位》《品牌的起源》《互联网商规 11 条》《品牌 22 律》《视觉锤》等二十多本书。

古今中外的成功人士，很多都是靠出书来引爆个人 IP 的，你也完全可以采用这条路径。

你可能会说出书太难了，我没有这个水平，写不出一本书。就算有这个水平，能写出来，我也没有出版的渠道。

其实，出书这件事，对于懂的人来说很简单，不懂的人才会觉得很难。接下来，我来讲述一下我自己出第一本书的经历。

2012 年，某出版社的编辑通过微博联系到我，希望我能写一本关于网络营销实战的书。因为编辑认为，由于微博等社交媒体的出现，如今的互联网营销已经有了很大的变化，但是市面上讲互联网营销的书远远滞后于现实需求，还停留在上一个互联网时代。

　　我当时是在联想集团负责联想手机的互联网营销，而且之前在搜狐担任新闻编辑，有一线的互联网媒体以及互联网营销的实战经验。最开始，我也是有点怀疑自己的。或者说，我也确实没有想到要写一本书。

　　不过，我没有拒绝这位编辑，而是和他见了一面。编辑告诉我，这本书就是讲互联网营销实战案例的，不需要写出多么高深的理论，就写一写你平时工作中的内容，以及做互联网营销时是怎么做的就可以。

　　我一想，这对我来说确实也没有什么难度，主要因为：

　　第一，我有大量实践经验和案例。我是一个喜欢总结方法论的人，自己在网络营销实战中，已经总结出了很多方法论。而且，在联想集团工作期间，大大小小的营销项目实操了上百个，销售成绩也很不错。而且，我也有1分钟卖出10 000台手机，实现2188万销售额的成功经验。

　　第二，我有写作能力。我是一个喜欢分享的人，因为曾经在媒体工作，我入行时就是担任《环球时报》的特约记者。而且我在《读者》《知音》《中国青年报》等媒体上发表过数十万字的文章。因此，对于写作这项工作我是很有信心的。

　　基于这两点，我答应了编辑写作自己的第一本书。于是，我很快敲定目录，样稿也很快就写了出来，不久就出版了。于是，我就有了自己的第一本书——《引爆关注：网络营销一线战记》。

看过我的故事，你是不是感觉到，出一本书其实没有那么难？是的，的确不难，在出版这个行业，出版社和图书公司的编辑也会拼命找选题，找合适的作者。所以，当你觉得自己写不了一本书时，很可能你其实是出版社编辑正要寻找的那个最佳作者。

那具体该如何出版自己的第一本书呢？

现在出书有两种方式。第一种是出版社邀请你出书，你负责写，出版社负责出版并销售，你获得版税。第二种情况是自费出书，你写书并出钱让出版社出版，你自己负责销售。

其实，选择哪种方式并不是最重要的，重要的是你的书能出现在市场上，能成为你的代表作。

那第一本书写什么内容呢？还是要从自己熟悉的事情上入手，最容易的办法，就是基于你的人设写一本自己业务范围内"干货书"。假如你是个"PPT高手"，你就可以写一本教人怎么做PPT的书。就像我的第一本书，就是写我自己做的专业——网络营销实战。

这样写书，首先，你对这些理论和方法论都很熟悉；其次，你也有东西可写，内容也有说服力。

另外，特别要说明一点，书都是成体系的。出版的过程，也是逼迫自己把储存的干货方法论总结成体系的过程，以使其更有价值。如果你能在写书的时候创立一套你自己的理论体系，并通过这本书展现出来，你就是某某理论的创立者，在对外介绍时，你的名片标识立刻就不一样了。

## 借助流量平台定制作品

相信很多人都听过"刘媛媛"这个名字，而且经常是与"北大才女"这样的关键词挂在一起。在没有进入大学前，刘媛媛只是一个普通的农村女孩。如今，她已经是互联网上炙手可热的人物——她出版的书卖得很好，她推出的知识付费课程也非常火爆。而且，如今她已经有了自己的公司——媛创文化，自己担任CEO，公司的业务也做得非常好。

作为一个普通农村女孩，她本科就读于对外经贸大学，研究生又考进了北京大学，原本已经实现"人生跃迁"了。但她最大的跃迁，来自于她参与了安徽卫视的《超级演说家》节目，并拿下了第二季总冠军，其关于"寒门难出贵子"的演讲更是"红"遍网络。当然，她的人生也因为这次经历而发生了质的改变。

成功者往往需要平台。两个能力相当的人，如果一个在世界500强企业，另一个任职于一个普通的小公司，在世界500强的这一位更容易成功——因为他所在的平台能给他更多的机会和可能性，也会给他更好、更开阔的视野。

物理学家阿基米德说："给我一个支点，我能撬起整个地球。"前面几种创作代表作的方式，都需要自己亲力亲为。但在打造代表作时，有时候，你可以尝试借助外力。

不管是不是有意，很显然，刘媛媛是属于借助到了外力的人。那么，我们在给自己创造代表作时，也可以采用这种方式。例如，我们可以与一些流量平台进行合作，结合自己和流量平台的优势来量身定制作品，更容易形成爆点。

如今的互联网时代，有很多这样的机会。而且很多流量平台本身就是一种高度的象征，就是广受关注的超级爆款。

千万不要觉得自己不行，"够"不上这些流量平台，或没有足够的能力去驾驭这些平台或节目。很多时候，你不逼自己一下，都不知道自己有多厉害。

要知道，刘媛媛在参加《超级演说家》比赛之前，她仅有的演讲经验是在班委竞选会上的发言。而她的对手是创造跨越撒哈拉世界记录的台湾超级运动员，出生在硅谷并有丰富主持演戏经验的美籍华人，演讲技巧炉火纯青，且三位导师纷纷争抢的"鬼马书生"。但即使对手如此强悍，她还是拿下了冠军。

世界上只有一种失败，就是你没有去做。只有勇于开始，才有机会成功。相信自己——自信，永远是一个人最强大的力量。

## 本章小结

大明星之所以是大明星，是因为他们都有成名代表作傍身。引爆个人IP，也就是要把自己打造成"明星"，同样需要打造自己的代表作。不妨借鉴以下三种方法：

### 就地取材"秀"出你做的事

你做的事就是你最好的代表作，别忽略它，把它包装好了，并"秀"出来。

1.用心经营好自己的事业，根据自己正在做的事情，提炼出清晰的个人定位，以使自己从所属垂直领域中脱颖而出，吸引媒体和大众眼球。

2.根据定位，聚焦一点，打造经典，着力宣传，让它成为你爆红的代表作，保证爆红后可持续曝光。

### 打造一个爆红事件

你的人设，需要用一件极致的事情表现出来，这是你引爆IP、实现瞬间爆红的绝佳方式，而这件事就是你的代表作。

## 把思想创作成作品

1.在思想上要有创作作品的主动性。当你开始创作，并把作品发布在互联网上时，你就已经成为网络世界里金字塔顶端的1%。

2.创作作品的途径有很多，其中最高效的三种选择是：系列化的创作作品，出一本书，借助流量渠道定制代表作。当然，根据自己的需要选择合适的方法，效果会更好。

# 变现篇
## 变现影响力

Step 7

# 变现

告别死工资，升级你的"赚钱系统"

**篇章导读**

**营销学解释**：当你成功地把一个产品推成爆品后，就会有人抢着买，这就是你期待的收获时刻。因此，当你把自己打造成爆款后，你将面对很多赚钱的机会，那怎么"卖"才是最优解呢？

如果你成了爆款，会有很多人来找你。有人会请你出席活动，有人会邀请你去做讲座，也有人会请你去做咨询，等等，各种各样的邀约纷至沓来，一些在你看来根本不搭边的行业都会向你伸出橄榄枝。

面对突如其来的赚钱机会，你应该如何去把握，如何更好地去收获呢？这就是我们本章要解决的问题——当你成为了爆款，到底该如何变现呢？

这肯定也是你很想了解的问题。毕竟，我们最终的目的，其中肯定有一个是要赚钱。否则，我们事业就无法坚持下去，也无法形成良性运转，就像企业可以做慈善，但如果企业不盈利的话，就没有钱去做慈善了。

莎士比亚说过："一千个读者，就会有一千个哈姆雷特。"也就是说，每个立场不同的人可以在《哈姆雷特》这出戏剧中看出完全不同的意境。这句话描述了阅读中的一种现实，即对同一文本的阅读，读者的阅读结果各不相同。

每个人也是不一样的，有些人是社交平台上的大V，有些人是互联网上的红人，有些人是垂直行业的牛人。再者，世界上有无数种商业形态，同样也有无法统计的变现方式。

所以，1000个IP有1000种甚至10 000种不同的变现方式。

本书不会探讨独特的情况，只告诉你变现的通用方法，以及如何利用影响力变现的底层逻辑，还有一些便于操作和执行的路径，来帮助你升级自己的"赚钱系统"。

# 第一节　从0到1的财富思维

你成功放大了自身影响力之后，也是你告别死工资，升级自己的"赚钱系统"的时刻。你首先要做的，就是改变自己的思维方式，学会像有影响力的人一样去思考，同时完成从0到1的财富思维的转变。

具体来说，你需要完成事实、心理、行动三个角度上的改变。

## 事实改变：你已经很值钱了

在互联网的世界里，如果你只是一个普通的网民，那么，你就是一个平凡的ID；而如果你是一个大V，那么，你就是一个有影响力的IP。

我们前两篇值钱篇、放大篇都是教你如何从ID跃迁为IP。当你只是一个普通人、一个普通ID时，你可能毫无影响力，甚至在互联网上时时随风而动。当你成为爆款，拥有个人IP后，你有了影响力，很多人会喜欢你，这个时候你甚至能引导风向。这时的你其实变成了 KOL（即关键意见领袖，Key Opinion Leader），你要做的是如何使用这个身份，去创造更多的价值）。

你需要接受的第一个改变，就是接受一个事实：你已经很值钱了。

为什么说你已经很值钱了呢？

**第一，你能影响很多人。**

你的一举一动都会有人关注。你发布的内容、产出的作品能直接"触达"很多人。

一个最直接的证据是：在社交平台上，虽然会因为垂直门类和账号属性有一些差异，但整体上看，粉丝越多的人发一条广告的价格更高。这其中的原因，就是你发布的一条广告能让更多人看见。而能创造更多的曝光率，自然就能有更强的号召力、更高的商业价值。所以，你能影响很多人，能够一呼百应，自然就意味着你有巨大的商业价值。

**第二，有很多人相信你。**

你是大 V，大家愿意关注你，是因为大家喜欢你、相信你。所以，你是能影响甚至左右粉丝行为的。

"老爸评测"是互联网头部的专业评测自媒体，微信服务号粉丝超过 300 万，抖音粉丝达到 1233.6 万，影响力巨大。

"老爸评测"创立于 2015 年，从魏文峰（魏老爸）为女儿检测毒书皮开始，到检测毒跑道、毒手表等，截止到2019年9月，已经检测了生活中常见的两百多种产品。

"老爸评测"一直坚持客观地评测商品，获得了大家的信任。目前他所创立的公司规模不断扩大，员工已有150多人。2019年，"老爸商城"的营收预计能达到三个亿。

而以上提及的所有商业行为，都是基于信任开展的。你相信宝马的汽车，你才会买；你相信某一个合作伙伴，你才会与其合作。而当你打造出了自己的品牌，就意味着有很多人相信你。自然，你的商业价值就大了。

所以，当你只是普通作者（或知名度不高），你会感觉赚钱很难，因为没有人知道你，也没有人愿意相信你。当你拥有个人IP后，你的影响力会越来越大，更多的粉丝会关注你，流量也会变得更容易获得。

## 心理改变：别不好意思谈报酬

谈报酬伤感情——这可能是很多人潜意识里的认知。

在钱这件事上，很多人是很矛盾的，一方面很看重钱，但另一方面，又不好意思和人谈报酬。

你要想赚到钱，就必须收起你的不好意思，因为这种不好意思，阻挡了财富的到来，妨碍了你赚钱的脚步。

《富人的习惯》这本书的作者花了五年时间，针对233位百万富翁，尤其是177位白手起家的百万富翁的日常习惯进行了调查。同时，他还研究了128位在贫困线上挣扎的普通人的日常习惯，通过比对找出了贫困人士之所以贫困的症结所在。

作者发现富人们有很多共同的习惯，其中有一点就是富人们都是非常好的接受者——他们很乐意也很善于接受别人给予的金钱。

作者认为，你要赚到钱，必须是有人给予你金钱。如果你不好意思去接受，不做一个接受者，即使别人想要给你钱，也可能给不到你手里，因为你不会接受。

我听过一个人在网络上分享的自己与金钱的故事。他说，一次，他要搬家。一开始打算请搬家公司，但几个朋友说要给他帮忙，他就接受了。结果，因为朋友们都不是专业的搬家人员，严重耽误了时间。

此外，他还请几个朋友吃了两顿饭，花了将近1000块钱。更严重的是，朋友们不善于处理搬家事宜，把他几万块钱的真皮沙发给弄坏了，修理又得花费几千块。

最重要的是，因为朋友帮忙搬了家，他还欠了朋友们一份人情，不知道该如何去报答。给朋友们钱？朋友们肯定是不愿意接受的。反过来想，如果自己最开始是请搬家公司帮忙搬家，其实只需花几百块钱，搬家公司的员工就能把一切弄得好好的，自己也不用操心。

所以，现在有越来越多的人宁愿选择花钱，也不愿意欠别人人情。因为这就是一个买卖关系，我花钱购买了你的产品或服务，大家两不相欠。交易结束后，大家皆大欢喜。但如果是请朋友免费帮忙，欠的人情最难还。而且，朋友免费帮忙，你也不太好提太多要求，有时候出了问题，或者效果不尽如人意，你也只能接受。

你发现了吗？不管是让人享受到给予的快乐，还是很多人本来就愿意花钱来购买服务或产品，你和人谈报酬，其实是别人所需要的。

另外，你的服务给人提供了价值，帮人解决了问题，收钱是天经地义的——这就是商业交易，没有什么不好意思。

所以，请你收起你不好意思和人谈报酬的意识，从现在开始，当别人需要利用你的影响力做什么的时候，请你这么做：

如果对方提出给你付费，你就直接接受，钱少了你可以要求加，钱多了你可以说少给点。当然，你也可以根据实际情况给出优惠价，这个你自己决定。

如果对方希望你免费帮忙，你直接开口谈报酬就好，你告诉对方，我为你做这件事，我收了钱，我就必须为结果负责；但如果我没有收钱，我就没有义务为结果负责，干得怎么样，全凭我自己。如果结果你满意，当然是好的；但如果结果不好，耽误的是你的时间。

这样的相处方式，会令对方感觉不互欠人情，对方花了钱买到了好的结果，解决了他要解决的问题，他很满意；而你则提供了自己的价值和服务，也挣到了你该挣的钱。如此，大家顺畅合作，对彼此都好。

当然，如果是举手之劳，你完全可以免费帮忙。

## 行动改变：主动去自我变现

当你的意识发生了改变，你就要落实到行动上了，你要开始主动去自我变现，即主动通过展现自己来赚钱。

在我出了第一本书，而且也确实做出了网络营销的成功案例后，就有人开始邀请我去做行业分享，同时做企业内部的营销培训。最开始的时候，我没有特别在意是否收费的事，但多数人都给我付了费，我也接受了。

后来，我发现找我的人越来越多，有些培训也兼具咨询的成分。为此，我需要利用很多时间来准备资料。这时，我就发现，自己可以把这件事当作事业来好好经营，也可以同时实现自我变现。

于是，我就找到了艾瑞商学院——当时业内头部的营销咨询与培训的服务机构，并成为了他们的培训导师。当我联系到他们时，其实他们也需要像我这样具有从业背景的培训师。而且，企业对互联网营销的培训需求也非常强烈。于是，他们的团队专门帮助我进行运作，根据市场需求来协助我开发更有针对性的培训课程。他们来负责客户的沟通洽谈，我就专门负责讲课培训。这样的配合非常高效，帮我节约了很多时间，也让我作为营销导师的培训得以更好地开展。很快，我就给苏宁易购、中国移动、中国电信等诸多公司做了网络营销培训。

我主动联系艾瑞商学院，成为其营销导师，就是我发现自己可以通过营销培训来进行赚钱后主动做出的一个变现行动。当然，结果很好，我得到了更多的收入，也为艾瑞商学院的网络营销培训业务贡献了自己的力量。同时，也解决了很多企业的网络营销问题。每次看到学员们学习完后很有收获的反馈，我也很有满足感。

所以，请你记住，当你有了个人影响力后，你其实已经"很值钱"了，你可以很自然地利用这份影响力去堂堂正正地赚钱。那么，接下来，我们就来讲讲变现的方式。

# 第二节　如何快速开始变现

　　良好的开始，是成功的一半。如何快速开始变现，是我们首先要解决的问题。其实，对于有影响力的爆款人物来说，变现不是一件特别难的事情。你只需要用健康的财富思维，直接去赚钱即可。变现也是讲究节奏的，请你牢牢记住七个字：先赚容易赚的钱。

　　麦肯锡是全球顶级的咨询公司，麦肯锡工作法中就有一条：先摘好摘的果子。具体来讲，就是当面对复杂的事情时，先从最容易最有把握的地方做起。先摘好摘的果子，并不意味着投机取巧、避重就轻，而是我们在摘取了一定数量的好果子之后，心里自然会建立起一种自信，让我们相信自己能把事情做好。

　　另外，这同时也是一个循序渐进的过程，我们由易到难地做事，自己心里对这个过程肯定会越来越熟悉。自然，事情的难度于你而言就会越来越小。毕竟，再难的事情，再复杂的问题，只要你开始一点点解决时，就会变得越来越简单。

对于有影响力的人来说，容易赚的钱有三种。同时，这也是我们快速开始变现的最初阶段。

那么，在这个阶段，具体该怎样赚钱呢？

## 找上门的赚钱机会

有一个朋友给我讲了他变现的故事。因为工作原因，他经常需要给客户写一些行业观察的文章，每次写完后还需要找到合适的微信公众号来发布，当然也需要给公众号支付费用。

由于这个行业不大，这样的公众号其实不多。于是，他就利用业余时间自己做了一个专门针对行业观察的微信公众号，把自己给客户写的文章也发在了这个账号上。

经过一段时间后，有一天，他忽然在后台收到了别人要在他的这个账号上发布文章的需求，并来询问价格。朋友真的没有想过，自己的这个号还可以接广告——毕竟，自己也就是发发客户的文章，没有花大力气专门去运营。

其实，由于他写的文章质量确实不错，而且每次发了文章之后，客户公司的人员、自己团队的成员也都会转发到朋友圈，或者转发到同行业的一些微信群。由于行业本来就不大，而且写行业观察的公众号本来就少，所以，他的这个公众号经过一段时间的积累，渐渐地有了一定的影响力，只是他自己没有注意到而已。

就这样，我朋友接了这个文章发布的需求。当然，也收到了这个账号的第一笔广告收入。在这之后，又有很多发布的需求找过来，只要是文章内容扎实，符合这个账号调性的，朋友也就都接了，结果，这个账号的收入，很快就高过了他的工资收入。

前面我们已经讲过了，当你成为爆款，有了个人影响力时，你的价值就随之出现了。所以，就会有源源不断的人找到你，希望利用你的价值来实现其目的。这种钱就是直接找上门的钱，你直接赚就可以了。

如果你自己是大 V，一定会有人找你做广告，你接就可以了；假如你出了一本书，在行业内打出了影响力，肯定有人请你去做讲座、做培训，欣然接受即可；假如你是一个爆款的 IP 形象，比如卡通人物，也会有人希望用这个形象来开发产品，你也可以直接接。

很可能，当别人来找你时，他们的很多需要都可以在你这儿得到满足，你自己事先根本都没有想过，原来你的影响力还可以这么来使用，原来自己还有这样的变现方式。

记住，只要合法合规，不违背你的原则，不会给你的 IP 带来负面影响，你都可以照单全收。

请记住，你现在是要快速开始变现，让自己成为一个会变现的人。所以，在诚实劳动、合法经营的前提下，不要觉得和人谈报酬不好意思，也不要觉得业务太多你干不过来。要知道，没有谁天生就会做一件事，大家都需要不断地学习和实践。

学习，最好的方式就是去实践。所以，若是有大量的机会摆在眼前，就要抓住这些送上门的机会去拓展自己。毕竟，热度都是有时限的，很可能过阵子你就没有这样的热度了，或者行业不景气，或者平台开始衰落，你就没有这么多机会了。

有人天天找上门让你变现的机会不会一直都有。所以，从机会时效性的角度来看，你也一定要把握住机会，勤加练手，快速掌握变现的本领。

## 他人能快速联系到你

你可能无法相信，联系方式的直观呈现能对业务提升产生如此大的影响：

我们公司的短视频团队做了两个针对大学生的校园类抖音账号，一个是"好好上大学"，另一个是"同学说说"。现在，每天都有咨询广告发布或者其他合作的人，可以说机会源源不断。

在这两个账号刚开始设立的一段时间内，我们一直都在用心做内容，没有在意过商业合作的事情。毕竟，把一个账号做起来是需要一点儿时间的，如果过早进行商业变现，也会伤到用户，导致用户体验不佳。

我们运营了一个多月，两个账号的粉丝增长数据不错，加起来有了50万粉丝。其实，这个粉丝量在抖音里面真的不算多。不过，我们的内容做得不错，爆款视频接连出现，而且受众定位精准，粉丝都是大学生。所以，陆续有商家咨询合作，有些是在后来直接私信，有些是通过各种关系找到了我们。

接着，团队就把能联系到我们的微信号直接放在了主页上，方便其他人更容易地找到我们。结果，联系我们的业务越来越多了。我们做了一个简单的统计，比起账号刚刚上线时，如今的商业业务咨询量至少翻了五倍。

为什么这么一个小小的举动能有这么大的效果呢？我们假想一个场景，如果你在刷抖音时，发现某个大号非常适合推广你公司的产品，你很想与这个账号联系，但却找不到它的联系方式。如果你比较懂行，你可能知道发一条私信可以联系到这个号；如果你不知道发私信这种方式，你就只能发一条想求合作的评论。但这两种方式都很直接，通常是你真的迫切想与其合作才会选择这么做。即使你这么做了，体验也并不好，因为在你发出信息之后，会顾虑账号主人很可能不会回复我。毕竟，大号收到的各种信息很多，运营者很少每一条都看的。如果这个大号的管理者确实没有留意到这条合作私信或评论，那么它可能就错过了一次商业变现的机会。

只有遇到这种特别渴望合作的情况时，用户才会想办法去联系上这个账号。但在大多数情况下，用户没有那么强烈想合作的欲望，只是觉得还比较合适，可以先试着沟通看看。那么，如果没有便捷的联系方式，一旦用户收不到大号的回复的话，应该就不会再联系这个账号了。但如果联系方式很便捷，双方就能马上联系上。

别看只是留了一个联系方式——这是让别人能轻而易举地找到你的最简单、最直接的方式。要知道，双方能够取得联系，是一切商业合作的开始。为什么要凭空给潜在的合作者制造障碍呢？

所以，如果想提高变现速度，增加商业机会，最简单的一个动作就是留下自己的联系方式，让别人能更轻而易举地联系到你。比如，可以在自己的微信公众号上留下自己的个人微信二维码；或者在沙龙分享上留下自己的微信二维码、个人电话等；也可以把自己的个人介绍和联系方式发在活动的微信群里，或者让活动主办方将你的联系方式等信息直接留给参加活动的人。

可能有人会说，这是一件很简单的事，谁不知道啊。但是，我之所以把这件小事还专门辟出一小节来写，恰恰是因为这是一件极度重要，但又极度容易被人忽略的小事。

　　有太多人出于各种顾虑不在公众平台上留联系方式，有人不好意思留下自己的联系方式，担心这么赤裸裸的商业推荐不符合自己的形象；也有人担心留下联系方式会泄漏个人隐私，或者收到很多骚扰信息，等等。反正，我时常很难找到一个我想联系到的人，即使其已经是在互联网上有影响力的人了。请你想想，你是不是也有这样的经历：很想联系到一个人，但是就是没有对方的联系方式？

　　特别说明一下，你如果怕泄漏隐私，可以留下一个专门的联系方式，或者是微信号，或者是手机号，只要和你日常工作生活用的联系方式区分开来即可；如果你担心收到太多骚扰信息，你可以只留一个邮箱，让大家有需求可以发邮件给你，这样真心想找你的人会给你写邮件的。而且，通过邮件内容，你也可以筛选出合适的商业机会。

## 主动销售可变现的业务

　　在上述两种变现方式中，你都是被动的，都是在做送上门的生意——变现过程是被动进行的。

　　但是任何事情都是需要经营的，不能仅仅依靠助力，除了被动变现之外，更重要的就是要主动出击，去销售那些可变现的业务。

方法非常简单，主要有如下几个：

**第一，你可以做一份个人业务介绍。**

你可以准备一份个人业务介绍，里面除了个人的联系方式、自我介绍外，还要包括你能提供哪些具体的服务，对应的价格以及经典成功案例等。这样，大家一看到你的这份介绍，就能更清晰地了解你能提供的服务及费用，对方就会自行判断是否需要联系你，这就相当于一次合作的初步筛选，省去了双方沟通的时间。

这份介绍和联系方式一样也很重要，可以把两者放在一起，或者长期展示在你公开的社交账号上，让别人能直接看到。

**第二，主动出击开发业务。**

主动出击开发业务，即销售，永远是商业时代必不可少的一环。哪怕是再好的产品，再不愁销路的产品，也需要精心去推广和销售，以便获得更大的市场。谁不希望业务更好一点儿呢？

主动出击展现自己的业务有很多方法，网络销售、电话销售、会议销售、渠道销售等各种方式都可以使用。当然，就销售方式而言，其类型、适用情况、操作方法等都是相当复杂的，市场上专门的书籍也有很多。本书不是一本专门的销售书籍，也就不展开写了。

这里有一个基本的成单公式可以供大家参考：

**销售额＝流量 × 转化率 × 客单价**

所以，你要在流量、转化率、客单价这三者中做到一个合理的平衡。我建议，在营销工作的早期注意保证转化率——寻找更精准的目标客户去进行精准销售。毕竟，你的账号可能刚开始变现，还不到"广撒网"的时候，应该先对更容易成单的客户进行出击。

你如果是一名营销咨询人员，也可以通过自己的自媒体发布针对企业主的营销文章，以展现自己的服务；你也可以参加营销行业针对企业主的营销培训来精准获客。

最后，我要特别说明一下，除了留下联系方式之外，其他两种让你快速开始变现的方式——二者间没有一定的先后顺序——是彼此促进的，可以灵活使用，最好能根据实际需要及时调整和整合方式、方法。

所以，一切还是要根据实际情况去优化，选择更合适的变现方式，达到更好的效果。例如，你可以经常升级自己的介绍材料，可以不断优化客户转化的过程……这样都可以让你的变现持续性更好、效率更高。

# 第三节　找到关键变现手段

　　根据二八法则，一家公司80%的利润都是由20%的爆品贡献的，或者是由20%的核心客户贡献的。好比苹果公司，虽然它有很多产品，也有很多种业务手机，但其超过50%的收入是由iphone手机贡献的。

　　所以，在变现这件事上，找到我们的关键变现手段，并集中精力和资源做好才是最重要的。

　　那么，如何一步步找到关键变现手段呢？

## 分析找上门的业务并分门别类

　　首先，先赚容易赚的钱。即从最表面或者从现实来看，有什么钱就赚什么钱。也就是什么钱都赚，不做挑选，也不经过专门的分析。

　　毕竟，开始变现这个阶段，就是你在变现这件事上的市场测试期，也是你在练手，也是在探索自己变现的路径到底有哪一些。

假如你是一名动漫设计师，可以给人做培训，也可以做公众号接广告，还可以利用自己的影响力接更多的业务，或者还有其他的变现路径。在刚刚开始变现的时候，你还不清楚如何挑选业务，就只能来什么接什么。

这时候，你要先摸清楚自己到底有哪些可以变现的方式，也要通过实操来检测哪些变现方式比较容易，哪种变现方式的市场需求量大，哪些方式看起来收入不错但执行起来很耽误时间。这些，只有在实际的执行中才能看得最真切。

经过"开始变现"这个阶段的积累之后，你就需要对这些变现业务进行分析了。而且，尤其要对找上门的业务进行分析。因为这些找过来的客户，都是有很强的需求的，他们的需求就是你能给市场提供的最容易变现的价值，同时也很可能是需求最强烈的价值。

一段时间后，你就能发现，在找你的业务中某一类型的需求最多，或者某几类居多；某一类或者某几类业务，赚钱最快、最容易。总之，这些业务有一些分类，每个分类都有一些共性，你需要对不同的业务进行分类，尤其是对需求量较大且盈利不错的业务进行分类。需求太小或者执行很麻烦的业务就可以忽略了。这样，你就可以得到一个属于你的变现清单。

完成这一步之后，就可以进行下一步了。

## 三个标准选出关键业务

这一步是要从你的变现清单中选出你的关键业务。关键业务就是你的核心变现手段，它必须同时符合以下三个标准：

**第一，有需求。**

有需求，就是指这种变现方式必须需求量很大。一个最简单的判断标准：这种变现方式是不是有很多人来找你。通常情况下，在找上门的业务中，占比高的都属于这种类型。

当然，你还要反过来客观地分析：在找上门的业务中占比较高的变现方式，其市场需求是不是真的很大。曾经，有一个很知名的商业人物摄影师让我帮他分析他的核心变现手段。他希望把"商业人物摄影培训"作为核心变现手段，因为有不少人找他咨询专业的问题，也有人请他去做分享培训。

不过，我建议他不要选择这个方式。因为商业人物摄影师是一个很细分的门类，自然也不会有很多从业者，做这个培训，自然市场需求量极其有限。我建议他如果想选择培训作为核心的变现手段，可以做人物摄影培训，且不用拘泥于商业人物摄影，这样市场需求量会大很多。

**第二，有钱赚。**

有钱赚，这个标准很好理解，就是得能赚钱。企业的第一目的就是要盈利，不然就持续不下去。归根结底，打造个人 IP 与经营企业的道理是一样的，你也必须盈利。如果不盈利，这件事就做不下去。所以，你必须考虑收入，权衡有没有钱可赚。当然，单就这一个标准来看，利润越可观越好。

在这一点上，我必须提醒一下：此处的利润，是单位时间的利润。如果有一种变现方式，看起来好像很赚钱，但如果很花费时间，那这种变现方式就未必是真正意义上的利润可观了。

**第三，有发展。**

前文中我讲到的商业人物摄影师，如果他选择开设人物摄影培训班，无疑是能赚钱的，而且也是有利于打造其个人 IP 的。

因为，摄影培训班的开设，必将进一步提升其在行业的影响力。如果培训班能够和某知名大学、大公司、大机构合作，效果就更好了。试想，一个本来只在商业人物摄影这一个细分领域很有影响力的摄影师，他的摄影培训班是与中央美术学院（或其他专业院校）合办的，那毫无问会提升其业界影响力。

所以，在选择核心变现手段时，一定要看是否有利于让你的

IP价值越来越大，是否能让你的行业影响力越来越大。

个人变现能与个人爆款打造成为良性促进的关系，才是合适的选择。

变现能与个人品牌成为良性促进的关系，才是合适的选择。

把你的变现清单拿出来，同时符合这三个标准的，就是你的核心变现手段。如果找不到同时符合这三个标准的，那就想办法找到尽可能符合多的，再通过变现方式进行改良，达到三者都符合的效果。

---

## 本章小结

### 养成从0到1的财富思维，你需要做好三个改变：

1.事实改变：你已经很值钱了。你是爆款，能影响很多人，你是有商业价值的，你要接受这个事实。

2.心理改变：别不好意思谈报酬。你用你的个人影响力，成就别人的商业目的，你就应该收钱，别让不好意思谈报酬害了你。

3.行动改变：主动去自我变现。开始展现自己、销售自己，主动用你的影响力来变现吧。

### 如何快速开始变现

1.找上门的钱直接赚。不要拒绝，只要不违背自己的原则，不会伤害自己的 IP 就行。

2.让人轻松联系到你。留好自己的联系方式，让别人有需求时可以第一时间联系到你。

3.主动销售可变现业务。做一份介绍，说清你能提供的服务及其价格；同时主动出击，自己开发业务，可以先从精准地定位客户开始。

### 找到关键变现手段

要找到关键变现手段，主要做到以下两点即可：

1.对找上门的业务进行分类。

2.按照"有需求、有钱赚、有发展"这三个标准来选择关键变现业务。

Step 8

# 开 发

启动"财富金矿"，打造终身影响力

营销学解释：产品卖成爆品后，品牌影响力出现了，这时品牌会以此为基础开发系列产品，再开发产品线，实现更大的商业价值，也为品牌造就更大的影响力。同理，你也可以利用你的影响力，用价值再造价值，开发你的"财富金矿"，并打造自己的终身影响力。

在当下这个时代，一个人就是一家公司，打造个人品牌，构建个人的商业生态，相当于一次创业，我们也需要走过企业发展的必经历程。

我先来给大家分享一下企业发展的几个阶段，以便大家能站在更高、更科学、更体系的维度，来看待变现这件事。

拉卡拉集团董事长兼总裁，连续六次创业成功的孙陶然，把自己创业的经验总结成了一本书——《创业36条军规》。在书中，他把企业的生命周期定义为四个阶段：起步期、发展期、扩张期和成熟期。在下面的内容中，我也会把企业发展的四个阶段和个人价值变现的过程相结合，一一对应来讲。

这四个阶段，对于没有经营过企业的人或没有接触过这方面专业知识的人来说，可能有些陌生。但是，这部分内容是必须做到充分理解的，因为这是创业的指导思想。

第一个阶段——起步期

这个阶段的核心工作是找方向，而且是要找到精准方向。

是否找到精准方向，可以通过两个指标来验证：

第一：你有没有做出一款有人愿意花钱来买的产品；

第二：你有没有找到一种方法可以把产品源源不断地卖出去。

如果做到了这两点，就可以认为你的企业已经找到了方向，度过了发展的第一个阶段。

这个阶段，对应我们本书前面的章节，找到定位并实现了成功变现。当然，你可以看你变现的核心产品是否是大家愿意花钱购买的，且能源源不断地卖出去。如果是，那就说明你的做法完全正确。

第二个阶段——发展期

企业在起步期找到了精准的方向之后，开始进入发展期。这个时候，企业需要获取一个显著的市场份额，并实现规模利润。

你的产品和服务能不能在市场占有率中名列前茅？公司能不能规模盈利？利润是衡量企业的硬指标，如果没有规模利润，就不能称之为一家成功的企业。

这个阶段，核心要点是专注——要集中全部人力、物力与财力于扩大市场占有和实现规模盈利之上。此时，所有以规划、布局等名目出现的不专注行为都会降低企业安然度过此阶段的可能性。

发展期，对应的是上一章讲到的"收割"部分。你需要结合自我增值的营销路线，持续专注经营，成为自己人设所在领域的头部，且实现规模盈利。达到了这个目的，才谈得上进入第三阶段的扩张期。

第三个阶段——扩张期

这个阶段即企业的多元化发展阶段。企业开始进行扩张，从单一产品扩张到多元产品，从单一业务扩张到多元业务，且这些产品或业务都处于并行状态，业务部门的划分也越来越精细化、专门化。

这个阶段的核心是管理，即设计出科学的公司管理机制，让每一个板块都有领军人物，并且每部分的扩张都要求公司以创业的心态投入工作。

第四个阶段——成熟期

企业经过第三个发展阶段后，如何保持高速可持续成长呢？

此时，简单地通过产品和产业保持增长已经远远不够，还必须学会对接资本市场，同时借助企业的品牌影响力、资本实力及已经获得的核心资源来展开生态系统建设。

在这个过程中，个人或企业可以通过自建、内部创业、风险投资、合资联营以及并购等多种方式，与各路"盟军"形成广泛的"商业统一战线"。

这个阶段的核心是布局和买保险。

对于所有生态系统范畴之内的业务，都需要通过上述五种方式予以涉足，以免错失未来发展的潜力，这就是布局。

对于所有生态系统范畴之内，甚至是稍微沾边儿的或者根本不沾边儿的业务，只要是有可能对我们的未来造成直接或间接威胁的，都尽可能涉足，这就是在为企业的未来"买保险"——即便有朝一日真的被颠覆，也不至于让我们伤筋动骨。

第三和第四阶段，都是以已有的影响力为基础不断开发自己和企业的影响力，以实现更大的发展。

在上一章中，我们已经实现了个人爆款的打造，且完成了直接的变现。从企业角度来看，这也就意味着你已经做出自己最早的产品，并上市销售成功，实现了规模化盈利，也就是已经走过了第一和第二个阶段。接下来，就需要扩张并实现持续发展。

互联网时代是一个赢家通吃的时代，有影响力的有流量的人，能充分、合理地利用影响力和流量实现个人或企业品牌的腾飞。那么，究竟应该如何利用自己现有的流量和影响力来实现更长足的发展呢？

# 第一节　滚雪球般的财富增值秘诀

古代印度有一个传说：一位国王想打赏发明了象棋（国际象棋）的人，问他想要什么。这人对国王说："陛下，请您在这张棋盘的第1个小格里，赏给我1粒麦子，第2小格里给2粒，第3小格里给4粒，以后每一小格都比前一小格加一倍。请您像这样，把棋盘上的64格都摆满麦粒，然后都赏给您的仆人吧！"

国王觉得这要求简直太容易满足了，就命令臣下满足他的要求。当人们把一袋又一袋的麦子搬来开始计数时，国王大吃一惊：就是把全世界的麦粒都拿来，也满足不了这个要求——因为要把这64格棋盘放满，需要大约184亿亿粒米。1亿粒米大概有2.5吨，184亿亿粒米约等于460亿吨！

一张普通的白纸，厚度大约为0.1毫米（1万张摞在一起才1米多高），如果把一张白纸连续对折52次（理想状态下），这张纸的厚度会是多少呢？

你可能会这样想：

有冰箱那么高？

或者一层楼那么高？

又或者一栋摩天大楼那么高？

……

我觉得，这已经是你能想象的极限了。然而，真实的答案是：

一张厚度为 0.1 毫米的纸连续对折 52 次后的高度约是 4.5 亿千米。

这就是复利的威力。虽然起点微不足道，但是通过复利，随着时间的累积，其结果往往会达到人们难以想象的程度。但复利不是数字游戏，而是告诉我们有关投资和收益的哲理。

据说曾经有人问过爱因斯坦："世界上最强大的力量是什么？"他的回答是："世界上最强大的力量，不是原子弹，而是复利＋时间。"

著名的罗斯柴尔德金融帝国的创立人梅尔·罗斯柴尔德，更是夸张地称复利是世界第八大奇迹。

打造个人爆款实现初步成功后，要对自我进行再开发，启动"财富金矿"，打造终身影响力，因此就必须深入理解复利效应。而且，不仅要理解复利这一滚雪球般财富增值的秘诀，也要理解复利效应对于我们人生发展的指导意义。

## 到底什么是"复利"

到底什么是复利呢？我们来看看复利的计算公式：

FV＝PV×(1+i)

其中，

FV：Final Value 终值

PV：Present Value 现值

i：收益率

n：投资期数

举个简单的例子，如果你有一万元资金，投资时间为五年，年化收益率为10%。五年后，你一共能收回多少钱呢？

按照上面的公式，结果就是：

FV＝10 000×(1+10%)5＝16 105.1元

从年轻时一无所有，到后来成为"美国国父"的科学家、哲学家、政治家、作家本杰明·富兰克林曾经这样写道：复利，是使你所有的铅变成黄金的石头。

如果你看懂了复利的公式，你应该也明白了为什么富兰克林会这么说了。

其实，复利用大白话说，就是"利滚利""钱生钱"——投入一笔钱后，每一期的本金和利息会成为下一期投资的本金，如此累计下去，不断循环，就是追求复利，就能实现财富的高速增值。

和复利相对应的是单利。单利只是根据本金算利，没有利滚利的过程，但这两种方式所带来的利益差别，一般人却很容易忽略。

假如投入一万元，每年的收益率能达到28%，57年后，复利所得为129亿元。可是，若是单利，同样是28%的年收益率，57年后，所得仅有16.96万元——这就是复利与单利的巨大差距。

"股神"巴菲特结合自己的投资心得，对于复利增值有一个更形象的比喻，他说："人生就像滚雪球，关键是要找到足够湿的雪，和足够长的坡。"

这里的"雪"，就是投资；"足够湿"，就是投资收益率；"长坡"，就是投资的时间。

我们结合巴菲特的这句话再来看看复利的公式"$FV=PV \times (1+i)^n$"。你应该发现了，除了本金与年化收益率，最关键的一点，就是时间所具有的神奇魔力。

我们打造个人爆款、追求财富的过程，不是短跑，而是马拉松式的长跑。只要坚持复利的原则，即使我们的起点很低，如果有足够的耐心，再配一点儿稳定的"小利"，就足以很漂亮地赢得这场比赛。

财富的积累也是如此，很多有钱人都不是生下来就有钱的，他们赚取的第一桶金往往也不足以使其一夜暴富。他们实现财富积累的方法，往往都是通过时间来使"钱生钱"。

当你有了盈余资金，只要能产生盈余，哪怕很低，不断重复，长时间积累下来，也会是一笔很大的资金。

由此可见，在复利模式下，一项投资所坚持的时间越长，所带来的回报就越高。在最初的一段时间内，得到的回报也许不理想，但只要将这些利润进行再投资，那么你的资金就会像滚雪球一样，变得越来越大。

这种由复利带来的财富增长，就被人们称为复利效应。

接下来，我们看看你如何使用好复利效应，让我们的人生实现滚雪球般的增值。

## 如何使用复利效应实现人生滚雪球般增值

利用复利效应实现人生增值，需要把握三个关键点：

### 投资时间

1975年~1982年，是美国股票价格波动较大的震荡区间。在这期间内，足以看出复利的第一个关键要素——投资时间的重要性。

《巴菲特之道》一书的作者罗伯特·哈格斯特朗，被誉为

"最懂巴菲特的人"。他曾对这八年美国股票市场上市值最大的500只股票进行了投资回报统计，得出来的答案绝对非常人所能想到。

他发现，在一年的时间里，上涨了一倍以上的股票约有3%；而把时间拉长到三年，比例扩大到了18.6%；当延长到五年时，比例则达到了38%。也就是说，买当时的美国股市的股票，只要你肯坚持五年，有38%的几率你的投资收益是翻倍的。

时间在复利投资中的巨大力量，从这个结论中也可以看出。但是，我们常常对一天的收益率抱有过高的期望，却对等待一年、三年、五年甚至更长的时间缺乏耐心。所以，很多人在炒股时，会快速地买进卖出，而无法获得复利效应——因为这个过程中没有时间这一变量。

记住，要想用好复利效应，首先要能坚持足够长的时间。

## 收益率

一根稻草能压死一匹健壮的骆驼吗？你肯定会说，这怎么可能，一根稻草那么轻，怎么能压死一匹骆驼。

但是，你有没有听过"压死骆驼的最后一根稻草"这句话？这句话的意思是：当你不断地一根一根地往骆驼背上放稻草时，骆驼开始时没有感觉，但是随着重量的增加，一定会出现那最后一根压死骆驼的稻草——那根促使情况发生质变的稻草。

"不积跬步，无以至千里"。在一个相互联系的混沌系统中，一个很小的初始力量最后引发的变化都可能是翻天覆地的。

如果你投资一万元，每天有1%的收益。一年后，你将拥有374 090元，翻了37倍！

但如果将收益率翻倍，达到每天2%，那么，一年后，你的收益将增加1350倍！这个数字有没有让你觉得很惊讶？

当然，收益翻倍很难。而假如收益只提高10%，使每天的收益率为1.1%，看起来只增加了一点点，一年之后的收益都会变成54倍——从37倍到54倍，那也是超级厉害了。

所以，要想用好复利效应，不要觉得收益率太低就不抱希望，或者中途放弃。再低的收益率，只要有足够的时间积累，其增值效应也是非同一般的。当然，如果能稍微提高一点收益率，最终的提升也将是惊人的。

## 持续稳健

这一点很好理解。然而，你能否以稳健的态度，不骄不躁的心态，做到长时间获取高收益率，并且有勇气接受低收益率，有能力应对收益率的高低起伏？你会不会中途放弃？你能不能耐得住等待的寂寞？你能否能保证不失手，收益率永远大于零？

所以，要想用好复利效应，第三个关键就是把时间和收益率真的落到实处，稳健为先——以稳健的心态和操作手法确保自己立于不败之地，只要不输，就是赢。

# 第二节　如何造就终身影响力

通过以上的分析，我们知道了"复利效应"能为我们增值人生。那么究竟该如何利用好复利思维，打造我们的"终身影响力"呢？

## 步步累积成就大事

2019年10月15日晚，北京证监局官网更新了一则辅导报告，报告显示，北京思维造物信息科技股份有限公司首次公开发行股票并拟在科创板上市，辅导机构为中金公司。这就意味着，由国内财经媒体人、知识付费的先驱者罗振宇创立的罗辑思维有望成为A股知识付费第一股。

如果上市成功，罗振宇的身价有望超过150亿元，而他背后的柳传志、刘强东、俞敏洪等知名人士，红杉、腾讯、深圳报业集团等组织机构也都将共享这场"资本盛宴"。

身价有望超过150亿元，这是一个普通人做梦都不敢想的数字。从2012年罗振宇开始发布第一条《罗辑思维》的视频到2019年，用了七年左右的时间，就实现了如此大的跨越，罗振宇又是如何做到的呢？

我们来看一下罗振宇从《罗辑思维》到得到APP的发展历程。

2008年，罗振宇从中央电视台辞职，成为自由职业者，此前其曾担任CCTV《经济与法》和《对话》栏目制片人，《决战商场》《中国经营者》等电视节目的主持人以及第一财经频道总策划。

2012年12月21日，罗振宇上线知识脱口秀节目《罗辑思维》，并采用了周播模式。同时，罗辑思维同名微信公众号开通，每天推送一则罗振宇本人的60秒语音。半年内，由一款互联网自媒体视频产品，逐渐延伸成长为全新的互联网社群品牌。在优酷网、喜马拉雅FM等平台播放量超过10亿人次。

有了罗辑思维这个基础，罗振宇开始了下一步的行动——进军知识付费领域，创办"得到APP"。2014年，经过内容电商、社群经济等尝试后，罗振宇、脱不花等创始团队确定以"知识服务"作为核心业务，并于2015年11月推出得到APP，为用户提供"省时间的高效知识服务"。在得到APP的课程中，最为人熟知的无疑是《李翔知识内参》《薛兆丰的知识学课》等内容，还包括万维钢、宁向东、吴军、武志红、熊逸等大咖的课程，得到也因此成为中国首屈一指的知识服务品牌。

2017年3月8日，罗振宇宣布《罗辑思维》节目从视频的形式改为音频，更新频率也从周播变更为日播，并只在得到APP播出，不再进行全平台分发。

2017年8月，罗振宇又推出了中小学学习辅导应用APP"少年得到"，主要为7岁~15岁的青少年提供定制化服务。

2018年10月，得到APP和罗辑思维CEO脱不花宣布"得到大学"开学，标志着这家公司的又一次自我突破和跃迁，从纯线上化的知识服务产品，发展成为具有更强教育属性且线上线下联动的实体"大学"。

其实，通过对罗辑思维、得到APP发展历程的回顾，你会发现，我们并没有看到哪儿有特别惊艳之处，好似整个流程都很顺其自然，每次跃迁都是顺势而为。从一档知识类脱口秀节目《罗辑思维》，再到拥有更丰富课程资源的得到APP，其实就是从罗振宇一个人讲知识，发展为一群人在同一个平台上讲知识。而后来的少年得到APP，则是调整了目标用户，把成人版的得到APP再做了一遍。而再后来的"得到大学"，也是顺其自然的延伸与扩展。

我们在之前提过，复利效应的关键原则就是利滚利——每次都是在前一次本利的基础上进行财富增值，这样就能出现滚雪球般的财富激增效果。

切记，千万不要妄想一步登顶，必须一步步踏踏实实地磨练自己，这中间没有捷径可以走。

## 突破质变一飞冲天

一片池塘中出现了一小块浮萍，浮萍每天增长一倍，预计十天就能长满整个池塘，请问，多少天能长满一半水面？

你是不是在想，十天能长满，那一半的话，大概应该是五天左右吧。

正确的答案是九天。

要能让复利效应发挥最大的效果，有一个重要的原则，就是要冲破临界点。对于池塘里的浮萍来说，第九天就是一个生长临界点，最后一天的翻倍是在一半的基础之上——前九天之和的基础之上。

再举一个例子：巴菲特在他 50 岁的那年，个人净资产只有 3.76 亿美元；在他 59 岁的那年，这一数字飙升到 38 亿美元。可以说，59 岁对于巴菲特的财富累积来说就是一个临界点。

其实，我们都知道，量变引起质变，也是复利效应的一种体现——质变，就意味着冲破了临界点。

所以，我们在开发自己、打造自己的终身影响力、打造自己的财富体系时，也同样需要冲破这个临界点。

那么，如何能快速实现质变，促进质变早日实现呢？在此，我提供两个方法：

## 打赢"关键战役"

北京时间2016年8月21日，里约奥运会女排决赛，时隔12年重返决赛的中国女排对阵塞尔维亚女排。最终，中国女排战胜塞尔维亚队，时隔12年再度夺冠，这也是中国女排历史上第三次获得奥运会金牌。

在2016年里约奥运会上，中国女排一共打了八场比赛，取得了五胜三负的战绩，其中小组赛五战二胜三负，最终位列小组第四晋级淘汰赛。这个成绩堪称惊险晋级，因为小组第五名就无法进入决赛。但是在淘汰赛中，中国女排三战三胜，最终获得了冠军。

中国女排拿下2016年奥运冠军是非常了不起的成绩。但是，在八场比赛中，中国队输了三场，尤其是小组赛五场就输了三场，但最终还是获得了冠军。相较而言，获得季军的美国队，五场小组赛全胜，三场淘汰赛只输掉了一场，结果只是拿到了季军，因为美国队在与塞尔维亚队争夺决赛名额时输给了塞尔维亚队。

输了三场的中国队拿了冠军，只输一场的美国队则只获得铜牌。你会发现，在比赛中，不一定每一场比赛都要赢，但是，关键比赛一定要拿下。

同样，我们在为自身增值、升维自己、构建终身影响力的过程中，要迎来质变，突破临界点，也不意味着每场比赛都必须赢，而只有拿下最重要的"关键战役"，才能让你的人生进入更高一个层次。

你不是要拿下人生的每场比赛，而是要辨别出哪场比赛是你人生的关键战役，拿下它，从而突破临界点，迎来质变。

## 借势风口厚积薄发

要想突破临界点，有时候需要借助一些外力。中国有句古话叫"顺势而为"，所以，要想突破临界点，实现质变，还有一个方法，就是借势风口，厚积薄发。

大多数人都明白借势风口的重要性，我在这里专门强调一下厚积薄发。人生所有的幸运，往往源于厚积薄发。"机会总是留给有准备的人"，我更想说："机会是给在它旁边盘旋了很久的人。"

我们可以借助于风口发展自己，但当你站在风口时，必然已经具备了起飞的能力——风只是你的助力。所有的"一炮而红"，都是能力和才华的厚积薄发。

# 第三节　打造属于自己的财富体系

当你明白了财富倍增的方法，也知道了如何打造终身影响力。那么，你就可以设计自己的财富体系了。

什么是财富体系？其实就是能源源不断为你赚钱的一套体系。

具体怎么打造？有两种很好的方法（方向）。

在开始这部分的具体内容之前，我想要说，终身影响力的构建，必须要与财富体系相匹配，这样才能形成良性循环，不然终身影响力无法持续构建。如果构建了影响力，没能获得收益，也会让构建终身影响力无法继续。

## 爆款产品无限卖

在这个世界上，有一种自动赚钱的机器，就是爆款产品，尤其是能一直卖的爆款产品。

相信你一定还记得那句耳熟能详的广告词："香飘飘奶茶，一年卖出3亿杯，杯子连起来可绕地球一圈。"按照三块钱一杯计算，那就是一年销售额达九亿元，这只是一杯奶茶实现的成绩。

而全球第一饮料单品——可口可乐更是令人惊奇。公开数据显示，2016 年，可口可乐每秒钟的销量为 19 400 瓶，由此计算，可口可乐一年的销量大约在 6118 亿瓶左右。虽然，如今可口可乐的销量已经开始逐年递减，但其在 2018 年依旧卖出了 6000 亿瓶左右。而且，要知道，可口可乐从诞生至今已有一百三十余年的历史。小小的一罐饮料，竟能俘获一代又一代消费者，创造了如此大的经济效应。

我们来看一看一位爆款人物——"最生活"品牌创始人——"毛巾哥"朱志军的故事。2016 年 1 月，最生活品牌生产了第一批样品毛巾，共计六万条，面向以往的粉丝群体内测销售。通过微信推广，产品在一小时内售罄。

2016 年 5 月，最生活在小米商城众筹，十天内售出 15 万条毛巾，总共筹集到 280 万元的资金。众筹人数也是小米众筹产品中的第一名。

2016 年 8 月，最生活毛巾荣获杭州 G20 峰会唯一指定毛巾品牌。

2018 年，最生活毛巾月销售额破千万，年营收 1.6 亿，估值突破三亿元。

虽然对于一般人来说，做成可口可乐、香飘飘奶茶这样的成绩的确很难，但是，做成一款爆款产品也不是完全没有可能。毛巾哥不就是靠着一条小小的毛巾，在短短的两年时间内，取得了如此惊人的成就吗？

因此，只要你能找准一个方向持续努力，就会迎来成功的那一天。

## 影响力无限变现

买冰箱你会选海尔，买电脑你会选联想，买空调你会选格力。这是因为，你们认可海尔、联想、格力这些品牌，所以，他们推出的产品，你会愿意相信，从情感上认为他们的产品都是可靠的——这就是我们经常讲的买东西认品牌。

当你成为爆款，有了自己的影响力后，你自己就是品牌。自然，你就可以利用自己的影响力发展多元化的业务，做到持续变现。

如果说罗振宇从《罗辑思维》发展到得到APP的过程是"去罗振宇化"，那么，樊登读书会就是一直在使用并放大其创始人樊登的影响力。

樊登读书会是一个会员人数已超过690万的读书会。目前，樊登读书会在全球拥有1700多个分会，还有近300家行企分会。并且，其已在中国境内成立20余个省级分会、200多个城市级分会、800多家县级分会及47个海外分会。樊登读书会之所以在短短几年的时间内获得如此快速的扩张与发展，离不开樊登个人强大的影响力。

所以，找到一个合适的商业模式，利用你的影响力，并使之不断扩大。这时候，你自己就是财富体系。

## 做个平台大家用

讲到中国的互联网公司时，无可避免的会提到BAT（百度、阿里巴巴、腾讯）三巨头。为什么这三家公司能成为三巨头呢？就是因为其产品得到了用户的认可，大家都在用。

我们常常利用百度搜索引擎搜索信息，在阿里巴巴买东西，在QQ或微信上和人聊天。所以，世界上还有一种财富体系——一个能让大家都使用的平台。

当听到平台这个词时，你可能觉得这件事和自己没有关系，觉得我们怎么可能有能力做成像BAT这么大的事。

我们先来看两个"80后"的故事。

首先来看一下大家都很熟悉的Facebook（脸书）。最开始，Facebook只是扎克伯格（1984年出生）和朋友一起做的一个小网站，结果一下子就火了，之后更是一步步成长为当今世界最大的社交网络。

当然，大家肯定也都知道今日头条和抖音。这两个互联网超级平台，都是字节跳动旗下的产品，出生于1983年的张一鸣，就是字节跳动的创始人。

从高中时代起，张一鸣就酷爱计算机科学，2001年进入南开大学先后就读于微电子和软件工程专业。大学毕业后，他就开始了互联网产品创业，后来创办了今日头条，取得了如今互联网领域傲视群雄的地位。

互联网平台是属于互联网时代的，而互联网平台更孕育着互联网"新人类"们无限的机会。当扎克伯格、张一鸣在敲下第一行代码时，应该也没有想过自己开创的互联网平台有一天能如此强大。

你可以说，互联网时代是一个公平的时代，是一个充满机会的时代，更是一个成就奇迹的时代。另一方面，它更是时代为我们这一代互联网人专属定制的机会，我们没有理由不去把握它。

一旦你尝试利用互联网提供的各种机会，谁说你不能成就一段互联网传奇呢！

勇于开始，才有机会成功，不是吗？

## 本章小结

　　本章讲述了如何对自己的影响力进行再开发，造就个人终身影响力，打造自己的财富体系。

### 滚雪球般的财富增值秘诀

　　复利，是让我们的财富以及人生滚雪球般增值的秘诀。想要让复利效应在自己的人生中发挥威力，你需要记住：要有足够长的时间，并注意投资收益。

### 如何造就终身影响力

　　我们可以一次次地积累，一次次地飞跃，最终成就大事；我们也可以集中力量突破临界点，实现质变，一飞冲天，而拿下关键战役、借势风口等，都是很好的"质变催化剂"。

### 打造自己的财富体系

　　世界上最强大的三种财富体系是：做一个爆款产品一直卖，利用影响力持续变现，提供一个信息分享平台供更多人使用。

# 附　录

## 个人价值评估模型

　　也许过去我们说，"一个人就是一支部队"带有一定的鸡汤成分，但在今天，每个人都是网络上的一个节点，一个IP的影响力可以呈指数级放大、增长，这也是为什么只雇佣几个人的轻资产公司，能创造出令人咋舌的价值，而一个网红IP一天的销售额甚至比得上一家上市公司。其实，这种现象的背后是看待自我价值的标准发生了变化。过去，我们只会从单一的维度评估一个人的价值，而在网络时代，我们需要一份全新的评估个人价值的标准。因此，在将自己打造成有影响力的IP之前，我们需要进行一次全面系统的测评。个人发展学会创始人刘Sir扎根内容行业近二十年，与李开复、冯唐、余秋雨、时寒冰、陈志武、于丹等3000+业内大咖进行过深度连接，已经助力近百位各领域人士成就了个人IP。基于多年打造IP的经验，刘Sir总结出了一份科学实用的个人价值评估模型，这份模型包含三大指数、八个维度，全面系统地测评个体能否成为一个成功的IP。大家可以按照以下步骤进行自测，查漏补缺，从而更有针对性地锻造自己。

　　评估个人价值的三大指数：势能指数、技能指数、影响力指数。

一、势能指数：用来评估个体是否能顺应趋势，选择正确的赛道成就自己。评估维度包括内驱力、专属标签、适应力（见附表1）。

1.内驱力：内驱力是推动我们满足欲望的内部驱动力，在很大程度上可以激发个人潜能。

2.专属标签：标签是个人定位的外在表现形式，确定个人专属标签的过程就是找准受众人群，突出自身比较优势的过程。

3.适应力：一种能够从容应对挑战和变化的能力。

**附录表1 势能指数权重表**

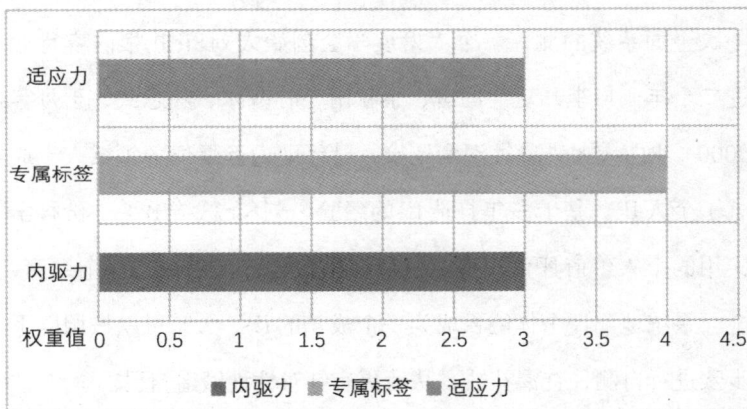

---

**势能指数自测清单**

| 内驱力 | 是 | 否 |
|---|---|---|
| ｜我是否有强烈的好奇心和求知欲？ | ☐ | ☐ |
| ｜我是否有想要改变自身的渴望？ | ☐ | ☐ |
| ｜我是否可以充分释放生命的热情？ | ☐ | ☐ |
| **专属标签** | | |
| ｜我是否找到了可以长期发展的领域？ | ☐ | ☐ |
| ｜我是否对自身的优势有清晰的认知？ | ☐ | ☐ |
| ｜我是否有一句专属于自己的口号？ | ☐ | ☐ |
| ｜我是否有清晰的受众人群画像？ | ☐ | ☐ |
| **适应力** | | |
| ｜我能否根据外部变化合理调整目标方向？ | ☐ | ☐ |
| ｜我能否迅速掌握一项新技能？ | ☐ | ☐ |
| ｜我能否从容地调节心态变化？ | ☐ | ☐ |

---

自测结果：内驱力 ☐☐☐　　专属标签 ☐☐☐☐　　适应力 ☐☐☐

二、技能指数：指对某一特定领域所需的技术与知识的掌握情况，以及运用相关知识完成某项具体事务的能力。具体而言，我们可以从"1万小时定理"及"长期主义"两个维度来进行自我测评（见附录表2）。

1.1万小时定理：一个人要想掌握一项技能，成为行业内的专家，至少要进行1万个小时的有效练习。换而言之，要想修炼为一个行业的专家，大约需要在一个领域不断耕耘5年~7年。这一维度多用于对过去情况的评估。

2.长期主义：如果个体选择未来坚持深耕某一领域，在长期主义的复利下，日复一日的微小改变，一点一滴的努力将会积累成奇迹。

附录表2　技能指数权重表

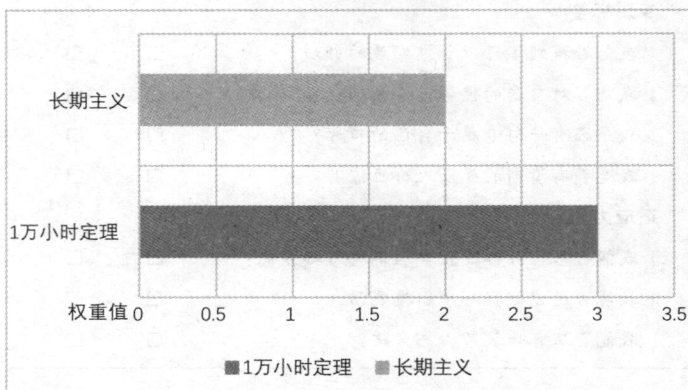

技能指数自测清单

| 1万小时定理 | 是 | 否 |
| --- | --- | --- |
| \| 我是否在某一领域进行了 1 万个小时的有效练习？ | ☐ | ☐ |
| \| 我是否在某一领域有自己的代表作品？ | ☐ | ☐ |
| \| 我是否在某一领域得到权威认证？ | ☐ | ☐ |
| **长期主义** | | |
| \| 我是否有长期规划目标？ | ☐ | ☐ |
| \| 我是否在朝着目标做改变？ | ☐ | ☐ |

自测结果：一万小时定理 ☐☐☐　　长期主义 ☐☐

三、影响力指数：指个体IP对用户的触达力以及对其的转化力。评估维度包括知名度、美誉度与传播素养（见附录表3）。

　　1.知名度：指IP的影响力广度，即在多大程度上被用户知道。

　　2.美誉度：受众用户对IP的喜好方向与感知程度，即IP在受众心中形成的心智印象。

　　3.传播素养：是否有将自身专业技能输出、分享给用户的能力和经验。

附录表3　影响力指数权重表

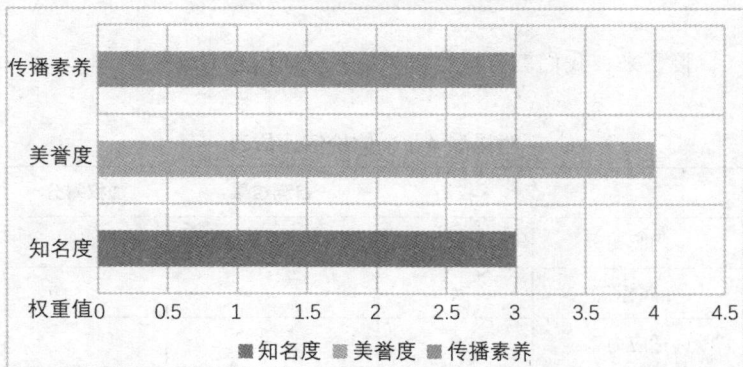

影响力指数自测清单

| 知名度 | 是 | 否 |
| --- | --- | --- |
| 我在网络上是否有可量化的用户数量？ | ☐ | ☐ |
| 我是否出版过一本畅销书？ | ☐ | ☐ |
| 我是否成为过热点事件的核心人物？ | ☐ | ☐ |

**美誉度**

| 是否有用户愿意让我分享输出内容？ □ □

| 我是否有 50~100 个核心用户？ □ □

| 用户是否愿意对我分享输出的内容进行口碑传播？ □ □

| 我的合作伙伴是否对我有高度评价？ □ □

**传播素养**

| 我是否具备写作与演讲能力？ □ □

| 我是否具备将专业知识通俗化的能力？ □ □

| 我是否具备反思复盘、系统化输出的能力？ □ □

自测结果：知名度 □□□　　美誉度 □□□□　　传播素养 □□□

接下来，我们需要根据自测结果完成附录表4内容。

**附录表 4　个体价值评估表**

| | 权重 | 自测结果 | 加权得分 |
|---|---|---|---|
| 内驱力 | 3 | | |
| 专属标签 | 4 | | |
| 适应力 | 3 | | |
| 势能指数 | 10 | --- | |
| 一万小时定理 | 3 | | |
| 长期主义 | 2 | | |
| 技能指数 | 5 | --- | |

| | 权重 | 自测结果 | 加权得分 |
|---|---|---|---|
| 知名度 | 3 | | |
| 美誉度 | 4 | | |
| 传播素养 | 3 | | |
| 影响力指数 | 10 | ---- | |

（注：加权得分 = 权重 X 自测结果）

　　做完这份测评后，我们对自我的价值会有一个全新的认识，接下来就开启自我增值之路吧！

# 后记　做好自己，才能实现最大价值

你可能发现了一个现象：在任何领域，处于行业金字塔顶端的人，不一定是年纪最大的，但多数都是在这个行业做得最久的。

我说说我自己的例子。我刚开始在抖音上发布"带你看美好中国"主题短视频时，我所在的领域粉丝量排在我前面的"旅游类达人"，基本都是曾经在微博、微信或者其他平台上做了好几年类似内容的人，他们都有丰厚的经验、内容和资源积累。此外，还有一些在抖音上面崛起得很快的旅游达人，有些未必在其他平台上有过积累，但他们要么曾经在电视台工作，要么本身就是专业的摄影师，或是很厉害的导演专业毕业生。

其实，大家无一例外，都拥有多年相关专业的积累，不然根本不可能轻易做出叫好又叫座的视频作品。

在这本书的最后一章，我们讲到了复利思维。复利效应的威力是如此巨大，时间造成的差距是很难在短时间内赶上的。比如写作，比你多写几年的人，有可能天赋不如你，努力程度不如你，但是你得承认，别人起步比你早得多，时间差距并不是那么容易就能补回来的。

人的精力是有限的，往往那些成功比较早的人，都是在年纪轻轻的时候就知道人一辈子只能把有限的几件事甚至一件事做好，然后找准了自己想做的事，集中全部精力去做，再通过长时间的积累，时间的复利效应让他们把同龄人甩得远远的。

当然，这里所讲的"长时间"，相对于整个人生长度而言，其实很短。

我讲这些是想告诉你，自我增值、打造个人影响力，很显然不是一蹴而就的，关键的是你要选定一个"人设"——选定一个方向，坚持做下去，时间的复利会让你一步步走向成功。

那么问题来了，你肯定会说，要长长久久地把一件事坚持下去太难了，真的很难做到。

我在2018年年初的时候就开始研究抖音平台。当时，我的目的很简单——作为营销人，必须了解各种最新的营销动作和最新的流量平台动态。随后，我想，干脆自己也做一个抖音号吧，这不是最好的实践研究吗？

最开始的时候，我也顺着抖音当时比较火的内容，跟风追热点、讲爆笑段子，虽然有那么几条视频短暂地火了，但都没那么成功，而且我自己也觉得做得很费劲。

经过深思，我认为，既然是要做自己的号，那就得做自己，不能为了做抖音号，就去刻意迎合抖音上各种流行的东西。

因为我自己很喜欢地理，也比较擅长镜头解说，也很希望更多的人看到、了解祖国的美好。于是，我就开始拍视频，主题为"带你看美好中国"。其实，这样的人设很不符合我当时的状况。

"带你看美好中国"系列视频需要我天南海北地跑，乘坐飞机、高铁、住酒店等都需要钱。不过这些都还好，我还可以承受。

其实，其中真正艰难的是时间的付出。毕竟，我是一个创业者，很忙碌，为了更新视频，每天都像在战斗。

但我不觉得有什么。每次出差，无论到哪里，看到什么好看的或值得拍下来给大家看的，我都会拍下来。

而剪辑、配字幕等后期制作其实也很费时间。我就在上下班的路上，利用坐地铁的时间剪辑视频。刚开始，我完全不会做这些，就是靠着一点点地自学，把完整流程做了下来。

这就是"做自己"的力量：我就是很想"带你看美好中国"。到了一个地方要拍有意思的视频，已经成了我下意识的行为，而根本没有觉得这是件多么难的事，自然而然地，我就坚持下来了，到了今天，"有料先生"已经有100多万粉丝，视频播放超过3亿次。

我必须承认一点，在制作这些视频时，我感觉自己更快乐了，而且真的很享受。有粉丝问过我，你很多时候拍视频，就在大街上，还是有很多人的地方，你那么大声说话，别人不看你吗？你不觉得不好意思吗？

说实话，我一点儿都没有觉得不好意思，其实也不太在意别人看我的眼光，每当镜头对着我，我开口说话时，我都觉得自己好像在发光。

我曾经在知乎网上看到过这样一段话：长期的不快乐和纠结情绪，在于你做了太多违背内心意愿的事，潜意识和显意识没有同步，这样就会形成内耗，你就会不快乐。

人只有在行动与心保持一致的时候才是快乐的。如果你的行动与你真实的内心是不一致的，你就会不快乐。

所以，你要做的事情，就是去"做自己"，这样你才会感到放松和快乐。

因为经常参加行业里面的一些活动，也经常会遇到一些网络达人，当然，旅游类的居多，无一例外，他们要么是喜欢旅游，要么是喜欢拍摄，或者是喜欢表达自我，没有一个人不是真的本身就热爱自己所做的事情的。

另外，我看到很多位于行业金字塔塔尖的人，他们大多也是非常热爱自己所从事的工作的人。一名很有影响力的心理医生告诉我，她就是很享受那种把有心理问题的人一点点地拉回到正常生活的过程，每每看到自己的病人又重获灿烂的笑容，就是她最幸福的时刻。

说了这么多，你可能会说，既然做自己，就是按照自己的心意去做，那我为什么还要看这本书呢？

这是个好问题。其实，这本书有两个最重要的作用。第一，是让你能高效地为自己增值；第二，是让你知道，在互联网时代，我们要有打造个人品牌的意识和行动力；第三，你要学会自我营销、变现自身影响力。如何能最快地达成目标？我们需要用具体的方法来一步步落地实施，这本书的内容，就是助你把做自己这件事一步步落地，实现你的个人价值，最终获得财富自由。

# 致　谢

　　这本书能得以出版，我要感谢很多人。

　　第一个要感谢的，是我的爱人。她尊重我的爱好，保护我的个性，一直毫无保留地支持我的任何行动，在关键时刻还为我出谋划策。遇见你，是我此生最大的幸运。

　　其次，要感谢个人发展学会团队。

　　首先是个人发展学会的创始人、出版人刘Sir。还记得第一次和刘Sir见面是在他的公司，当知道他是《自控力》这本顶级畅销书的幕后操盘手时，我震惊了。不过随后，这种震惊消失了，因为我被他分享的内容深深地吸引了，他给我分享了他对出版书籍的一套方法论体系，每一本书诞生的背后都有非常严谨的逻辑论证及极具洞察性的价值观念。所以，他能做出《自控力》这样的书是一种必然。

　　当然，我知道他还做了很多品类的顶级畅销书，比如罗振宇的《罗辑思维》、古典的《拆掉思维里的墙》、时寒冰的《经济大棋局，我们怎么办》、李开复的《微博改变一切》等。在2017年，他创立了自己兼具内容生产和互联网运营基因的全媒体内容出版公司，并带领着来自出版行业、互联网行业以及各个领域的知识专家及行业翘楚，成功布局各个维度的知识内容领域，打造两大知名品牌："个人发展学会"和新锐图书品牌"六人行图书"，可以满足读者终身学习、持续精进的需求。

他带领的团队打造了包括线上课程和图书在内的多项爆款产品，与多领域的专家、作者都产生了深度连接。其实，刘 Sir 在做的事情就是在把一个个准爆款打造成真正的爆款。在"把素人打造成爆款"这件事上，不管是从方法论还是实战经验以及成果上，他都是国内首屈一指的。

而为什么这本书要与个人发展学会合作，除了刘 Sir 的个人魅力外，就是因为个人发展学会本身。如果说，我这本书是写出了自我增值的方法论，而个人发展学会就是在做着把这套方法运用到一个个无名 ID 上。

除了刘 Sir，我还要着重感谢石生琼女士，我们虽然只见过一次面，见面时间也只有短短的几十分钟，但是她的专业、热情及对于图书选题敏锐的洞察力，让我一辈子都不会忘记。

另外，我还要特别感谢本书的编辑珊珊。好吧，我承认，这是我出版的第四本书，我也接触了很多的编辑。但是珊珊是对我要求最高的。为了让这本书能有更大的价值，她在书的结构、目录、案例选用、写作手法、用词等细节之处，都对我进行了非常严格的要求。是以，这本书是我在目录、书稿上，都改得最多的一本书。所以，我也相信，经过这样打磨的作品，一定是充满诚意的。

另外，我还要感谢个人发展学会的所有成员，谢谢你们的专业和付出。珊珊告诉我，为了做好这本书，团队开了至少五次全员会议，就是专门研究怎么把这本书做得更好。在这里，一起谢谢你们了。

当然，我也期望，在如此负责、专业的团队协助下，这本诚意之作能给你带来不一样的视角与启发。

廖恒

2019年12月26日于北京